गोरखनाथ

गोरखनाथ या गोरक्षनाथ प्रख्यात नाथ योगी थे। उन्होंने पूरे भारत का भ्रमण किया और अनेक ग्रंथों की रचना की। गोरखनाथ का मंदिर उत्तर प्रदेश के गोरखपुर में स्थित है।

गोरखनाथ के समय के बारे में भारत में अनेक विद्वानों ने अनेक प्रकार की बातें कही हैं। जॉर्ज वेस्टन ब्रिग्स (*गोरखनाथ एंड कनफटा योगीज़,* कलकत्ता, 1938) ने इस संबंध में प्रचलित दंतकथाओं के आधार पर कहा है कि जब तक और कोई प्रमाण नहीं मिल जाता तब तक वे गोरखनाथ के विषय में इतना ही कह सकते हैं कि गोरखनाथ ग्यारहवीं शताब्दी से पूर्व या संभवत: आरंभ में, पूर्वी बंगाल में प्रादुर्भूत हुए थे।

मत्स्येंद्रनाथ अथवा मछिंद्रनाथ 84 महासिद्धों में से एक थे। वे गोरखनाथ के गुरु थे जिनके साथ उन्होंने हठयोग की स्थापना की। उन्हें संस्कृत में हठयोग की प्रारंभिक रचनाओं में से एक *कौलज्ञाननिर्णय* (कौल परंपरा से संबंधित ज्ञान की चर्चा) का लेखक माना जाता है। वे हिंदू और बौद्ध दोनों ही समुदायों में प्रतिष्ठित हैं। मछिंद्रनाथ को नाथ प्रथा का संस्थापक भी माना जाता है।

गोरखनाथ के अध्येता डॉ. पीतांबरदत्त बड़थ्वाल की खोज में 40 पुस्तकों का पता चला था, जिन्हें गोरखनाथ-रचित बताया जाता है। डॉ. बड़थ्वाल ने बहुत छानबीन के बाद उनमें इन 14 ग्रंथों को असंदिग्ध रूप से प्राचीन माना—*सबदी, पद, शिष्यादर्शन, प्राण-सांकली, नरवैबोध, आत्मबोध, अभय मात्रा जोग, पंद्रह तिथि, सप्तवार, मछिंद्र गोरख बोध, रोमावली, ग्यान तिलक, ग्यान चौंतीसा, पंचमात्रा*।

गोरखबानी

गोरखनाथ

सम्पादक
डॉ. करुणाशंकर उपाध्याय
डॉ. दर्शन पाण्डेय

राधाकृष्ण पेपरबैक्स

राधाकृष्ण पेपरबैक्स में
पहला संस्करण : 2020
तीसरा संस्करण : 2024

राधाकृष्ण पेपरबैक्स : उत्कृष्ट साहित्य के जनसुलभ संस्करण

राधाकृष्ण प्रकाशन प्राइवेट लिमिटेड
जी-17, जगतपुरी, दिल्ली-110 051
द्वारा प्रकाशित

शाखाएँ : अशोक राजपथ, साइंस कॉलेज के सामने, पटना-800 006
पहली मंजिल, दरबारी बिल्डिंग, महात्मा गांधी मार्ग, प्रयागराज-211 001
1, अनमोल सोराबजी संतुक लेन, धोबी तलाव, मरीन लाइंस, मुम्बई-400 002
वेबसाइट : www.radhakrishnaprakashan.com
ई-मेल : info@radhakrishnaprakashan.com

बी.के. ऑफसेट
नवीन शाहदरा, दिल्ली-110 032
द्वारा मुद्रित

मूल्य : ₹ 150

GORAKHBANI
by Gorakhnath
Edited and compiled by Dr. Karuna Shankar Upadhyay, Dr. Darshan Pandey

ISBN : 978-81-8361-974-5

भूमिका

गोरखनाथ आदिकाल के बेहद महत्त्वपूर्ण संत, योगी और कवि हैं। इन्हें गोरक्षनाथ के नाम से भी जाना जाता है। इन्होंने सिद्धों से अलग हठयोग का प्रवर्तन किया। इनका व्यक्तित्व अतिशय प्रभावशाली और बहुआयामी रहा है। ये एक साथ संत, कवि, योगी, जीवन-चिंतक, समाज-सुधारक, क्रान्तिद्रष्टा और मानवता के उपासक थे। आप जीव-हिंसा तथा अहंकार का सक्रिय विरोध करते हैं। मनुष्य की तमाम कुरीतियों पर काव्यात्मक आक्रमण करते हैं। मानव-जीवन में संयम और साधना के महत्त्व का प्रतिपादन करते हैं।

गोरखनाथ के जन्म-समय को लेकर विद्वानों में मतभेद हैं। राहुल सांकृत्यायन और हजारीप्रसाद द्विवेदी ने इनका जन्म समय विक्रम की दसवीं शताब्दी माना है। जबकि आचार्य रामचंद्र शुक्ल ने इनका समय पृथ्वीराज चौहान के आसपास सुनिश्चित किया है। इनका व्यक्तित्व अत्यंत प्रभावशाली रहा है। इनके जन्मस्थान को लेकर भी विवाद है। नेपाल के काठमांडू से लेकर काठियावाड़ तक इनका जन्मस्थान माना जाता रहा है। लेकिन अब अधिकांश विद्वान उत्तर प्रदेश के अमेठी जिले के जायस को इनका जन्मस्थान मानने लगे हैं। महाकवि मलिक मुहम्मद जायसी ने अपने महाकाव्य पद्‌मावत में बड़े सम्मान के साथ इनके नाम का उल्लेख किया है। डॉ. हजारीप्रसाद द्विवेदी ने इन्हें जाति से ब्राह्मण माना है। इन्हें नाथ सम्प्रदाय का उन्नायक अथवा पुरस्कर्ता माना जाता है। चौरासी सिद्धों की तरह नौ नाथों की संख्या भी प्रसिद्ध है। 'गोरक्षसिद्धान्त संग्रह' नामक ग्रंथ में इनके नाम गिनाए गए हैं—नागार्जुन, जड़भरत, हरिश्चन्द्र, सत्यनाथ, भीमनाथ, गोरक्षनाथ, चर्पट, जलंधर और मलयार्जुन। आचार्य रामचन्द्र शुक्ल ने "नागार्जुन, चर्पट और जलंधर

को सिद्धों की परम्परा में ही माना है। नागार्जुन (संवत् 702) प्रसिद्ध रसायनी भी थे। नाथपंथ में रसायन की सिद्धि है। नाथपंथ सिद्धों की परम्परा से ही छँटकर निकला है, इसमें कोई सन्देह नहीं।" (हिन्दी साहित्य का इतिहास—आ. रामचन्द्र शुक्ल, पृ. 25) बावजूद इसके नाथपंथ पर शैव दर्शन का भी गहरा प्रभाव है। वह वज्रयानी सिद्धों के विकारों से स्वयं को अलग करने में सफल रहा है। इस कार्य को गोरखनाथ ने चरम परिणति तक पहुँचाने का सफल प्रयास किया। लोकश्रुतियों में नाथों का सम्बन्ध सिद्धियों और अलौकिक चमत्कारों से जोड़ा गया है। योग-साधना के द्वारा अपनी काया को अमर करने और विभिन्न चमत्कारों का प्रदर्शन करने के लिए ये नाथयोगी प्रख्यात थे। जन-मन पर इनका गहरा प्रभाव था। नाथपंथ में प्रचलित दंतकथाओं और भिन्न-भिन्न ग्रंथों में प्राप्त उल्लेखों से ज्ञात होता है कि आदिनाथ के शिष्य मत्स्येंद्रनाथ और जालंधरनाथ थे। मत्स्येंद्र के शिष्य गोरखनाथ और जालंधरनाथ के कान्हपा या कृष्णपाद थे। आदिनाथ साक्षात् शिव थे, बाकी चार ऐतिहासिक माने जाते हैं। इन चारों के नाम सहजयानी सिद्धों की सूची में प्राप्त होते हैं। लोक में ऐसा प्रचलित है कि मत्स्येंद्रनाथ कदली देश या कजरी देश में, जिसे स्त्री-देश भी कहा गया है, विलास-लीला में फँस गए थे और गोरखनाथ ने 'जाग मछंदर गोरख आया' के उद्बोधन द्वारा उनका उद्धार किया था। गोरखनाथ का मत सम्पूर्ण भारतवर्ष, नेपाल, पाकिस्तान और अफगानिस्तान में फैला हुआ है। हिन्दू और मुसलमान दोनों ही इनके अनुयायियों में थे। आचार्य रामचन्द्र शुक्ल ने नाथपंथ के सम्बन्ध में लिखा है कि "नाथपंथ के जोगी कान की लौ में बड़े-बड़े छेद करके स्फटिक के भारी-भारी कुंडल पहनते हैं, इससे कनफटे कहलाते हैं। जैसा पहले कहा जा चुका है, इस पंथ का प्रचार राजपूताने तथा पंजाब की ओर अधिक रहा। अत: जब मत के प्रचार के लिए इस पंथ में भाषा के भी ग्रंथ लिखे गए तब उधर की ही प्रचलित भाषा का व्यवहार किया गया। उन्हें मुसलमानों को भी अपनी बानी सुनानी रहती थी जिनकी बोली दिल्ली के आसपास की खड़ी बोली थी। इससे उसका मेल भी उनकी बानियों में अधिकतर रहता था। इस प्रकार नाथपंथ के इन जोगियों ने परम्परागत साहित्य की भाषा या काव्यभाषा से, जिसका

ढाँचा नागर अपभ्रंश या ब्रज का था, अलग एक 'सधुक्कड़ी' भाषा का सहारा लिया जिसका ढाँचा कुछ खड़ी बोली लिये राजस्थानी था। देशभाषा की इन पुस्तकों में पूजा, तीर्थाटन आदि के साथ हज, नमाज़ आदि का भी उल्लेख पाया जाता है। इस प्रकार की एक पुस्तक का नाम है—'काफ़िरबोध'। नाथपंथ के उपदेशों का प्रभाव हिन्दुओं के अतिरिक्त मुसलमानों पर भी प्रारम्भ काल में ही पड़ा। बहुत से मुसलमान निम्न श्रेणी के ही सही, नाथपंथ में आए। अब भी इस प्रदेश में बहुत-से मुसलमान जोगी गेरुआ वस्त्र पहने, गुदड़ी की लम्बी झोली लटकाए, सारंगी बजा-बजाकर 'कलि में अमर राजा भरथरी' के गीत गाते फिरते हैं और पूछने पर गोरखनाथ को अपना आदिगुरु बताते हैं। ये राजा गोपीचंद के भी गीत गाते हैं जो बंगाल के चटगाँव के राजा थे और जिनकी माता मैनावती कहीं गोरख की शिष्या और कहीं जलंधर की शिष्या कही गई हैं। (हिन्दी साहित्य का इतिहास—आ. रामचन्द्र शुक्ल, पृ. 27)।

जब हम गोरखनाथ द्वारा रचित कृतियों पर विचार करते हैं तो पाते हैं कि इनमें से काफी रचनाएँ उनके बाद शिष्य-परम्परा में तैयार की गई हैं। इनमें गद्य और पद्य दोनों तरह की रचनाओं का समावेश है। ये देशज भाषा में लिखी गई हैं। आचार्य शुक्ल ने इनमें साम्प्रदायिक शिक्षा का संधान किया है और इन्हें विक्रम संवत् 1400 के आसपास की रचनाएँ माना है। शुक्ल जी ने जिन रचनाओं का उल्लेख किया है, वे इस प्रकार हैं—*गोरख-गणेश गोष्ठी, महादेव-गोरख संवाद, गोरखनाथ जी की सत्रह कला, गोरख बोध, दत्त-गोरख संवाद, योगेश्वरी साखी, नरवइ बोध, विराट पुराण, गोरखसार, गोरखनाथ की बानी*। ये सब ग्रंथ गोरख के बजाय उनके अनुयायियों द्वारा रचे प्रतीत होते हैं। चूँकि इनकी भाषा गोरख के समय में प्रयुक्त भाषा से अलग है अत: इन्हें परवर्ती मानना ही समीचीन होगा। इनकी भाषा गोरखकालीन प्राकृत-अपभ्रंश से युक्त नहीं है। आचार्य शुक्ल ने गोरखपंथ के भी चार ग्रंथ माने हैं—*सिद्ध-सिद्धान्त पद्धति, विवेक मार्तंड, शक्ति-संगम-तंत्र, निरंजन पुराण, वैराट पुराण*। 'ऐसा माना जाता है कि हिन्दी भाषा में जो पुस्तकें उपलब्ध होती हैं वे इन्हीं पुस्तकों का अनुवाद अथवा सार हैं। शुक्ल जी ने यह सम्भावना व्यक्त की है कि 'साखी' और

'बानी' में शायद कुछ रचना गोरख की हों।' कहने का आशय यह है कि आज भी गोरख की रचनाओं के सतर्क पाठ-सम्पादन की आवश्यकता बनी हुई है।

गोरख साहित्य के सुप्रसिद्ध विद्वान डॉ. पीताम्बरदत्त बड़थ्वाल ने गोरखनाथ की चालीस रचनाओं का उल्लेख किया है परन्तु अनेक रचनाओं को प्रामाणिक नहीं माना है। यहाँ उन सारी रचनाओं के नाम के उल्लेख का कोई औचित्य नहीं है। उन्होंने बड़े परिश्रम से गोरखनाथ के उपदेशों का सार-संकलन 'गोरखबानी' के अन्तर्गत किया है। गोरखबानी के अवलोकन से यह स्पष्ट हो जाता है कि उसमें योगमार्ग को व्यवस्थित रूप दिया गया है। इसमें मनुष्य के दैनिक जीवन की आचार संहिता प्रस्तुत की गई है। चूँकि गोरखनाथ अपने गुरु मत्स्येंद्रनाथ और वज्रयानियों के वामाचार तथा पंचमकार के सेवन का हश्र देख चुके थे अत: वे इस दिशा में कठोर मत का प्रतिपादन करते हैं। उनकी बानी मुख्य रूप से उपदेशपरक है। आचार्य रामचन्द्र शुक्ल ने गोरखबानी के वस्तुतत्त्व के विश्लेषण के बहाने गोरखनाथ के महत्त्व का भी प्रतिपादन किया है। उन्होंने लिखा है कि "गोरखनाथ की हठयोग साधना ईश्वरवाद को लेकर चली थी अत: उसमें मुसलमानों के लिए आकर्षण था। ईश्वर से मिलाने वाला योग हिन्दुओं और मुसलमानों दोनों के लिए एक सामान्य साधना के रूप में आगे रखा जा सकता है, यह बात गोरखनाथ को दिखाई पड़ी थी। अत: उन्होंने दोनों के विद्वेष भाव को दूर करके साधना का एक सामान्य मार्ग निकालने की आवश्यकता समझी थी और वे उसका संस्कार अपनी शिष्य-परम्परा में छोड़ गए थे। नाथ सम्प्रदाय के सिद्धान्त ग्रंथों में ईश्वरोपासना के बाह्यविधानों के प्रति उपेक्षा प्रकट की गई है, घट के भीतर ही ईश्वर को प्राप्त करने पर जोर दिया गया है, वेदशास्त्र का अध्ययन व्यर्थ ठहराकर विद्वानों के प्रति अश्रद्धा प्रकट की गई है, तीर्थाटन आदि निष्फल कहे गए हैं।" (वही, पृ. 25) । इस तरह आचार्य शुक्ल ने अपने विवेचन में गोरखनाथ के चिन्तन का सार प्रस्तुत कर दिया है।

गोरखबानी में जिन पदों का संग्रह मिलता है उनकी प्राचीनता और प्रामाणिकता दोनों ही संदिग्ध हैं। बावजूद इसके उनके नैतिक उपदेश प्रक्षिप्त रूप में ही सही जनसामान्य के लिए दिशादर्शक

हैं। इनमें से कुछ पद लोकभाषा में हैं जिससे उनकी प्रभाव-शक्ति बढ़ गई है। इन पदों में योगियों के लिए भी नैतिक उपदेश एवं साधनापरक बातें हैं। कुछ पद तो लोकोक्ति का रूप धारण कर गए हैं। इस पंथ में गुरु को साधना के लिए अनिवार्य माना गया है, निगुरे की कोई गति नहीं है। गोरखनाथ ने गुरु का होना परम आवश्यक माना है। उसके बिना ज्ञान-प्राप्ति सम्भव नहीं है। उनके अनुसार—

गुरु की जै गहिला निगुरा न रहिला।
गुरु बिन ग्यान न पाइला रे भाई॥

गोरखनाथ ने अपने मत का प्रवर्तन वज्रयानी सिद्धों के विकारों की प्रतिक्रिया में किया था अत: उनमें नैतिकता का आग्रह बहुत प्रबल है। वे विशुद्ध ब्रह्मचारी को ही इस मार्ग का अधिकारी मानते थे। उनके अनुसार नाद और बिन्दु का संयम आवश्यक है। यथा—

यंद्री का लड़बड़ा, जिभ्या का फूहड़ा। गोरष कहै ते परतषि चूहड़ा।
काछ का जती मुषा सती सो सत पुरुष उत्तमो कथी॥

गोरखनाथ जी का मानना है कि नाद अर्थात् वाणी और बिन्दु (वीर्य) को संयमित रखने वाला पुरुष साक्षात् शिव रूप हो जाता है। गोरखनाथ ने अखंड ब्रह्मचर्य और सात्त्विक प्रवृत्तियों का प्रतिनिधित्व करके योगी एवं गृहस्थ दोनों की ही कुरीतियों पर प्रहार किया। एक सच्चे गुरु की तरह उन्होंने अपने समय एवं समाज का मार्गदर्शन किया। वे गुरु एवं शिष्य में केवल तात्त्विक अन्तर मानते हैं। उनके अनुसार चेले की तुलना में गुरु के पास अधिक तत्त्व होता है। अत: कम तत्त्व वाले को अधिक तत्त्व वाले से हमेशा ज्ञान प्राप्त करना चाहिए। इस ज्ञान की प्राप्ति के बाद यह जरूरी नहीं रह जाता है कि शिष्य अपने गुरु के पीछे-पीछे भटकता फिरे। यदि उसे मन के अनुकूल लगे तो साथ रह सकता है अन्यथा वह अकेले चलने के लिए भी स्वतंत्र है। इस तरह गोरखनाथ जी अत्यंत व्यावहारिक बात करते हैं—

अधिक तत्त ते गुरु बोलिये हींण तत्त तें चेला।
मन मांनै तो संगि रमौ नहीं तो रमौ अकेला॥

(गोरखबानी, पृ. 55)

कवि मन की शुद्धता पर विशेष जोर देता है। इस सन्दर्भ में एक पद जो दादूदयाल के नाम पर पाया जाता है उसका प्राथमिक रूप गोरखबानी में भी मिलता है। वे कहते हैं कि यदि मन चंगा है तो कठौती में गंगा है। मनुष्य यदि बंधन को दूर करने में सफल हो जाए तो उसे समस्त संसार का गुरुपद अनायास ही मिल जाएगा। यह पद इस बात का भी प्रमाण है कि गोरखनाथ के जमाने में भी गंगा चरम स्वच्छता का प्रतिमान थी—

अवधू मन चंगा तो कठौती में गंगा।
बांध्या बेल्हा तो जगत्र चेला॥

(वही, पृ. 53)

गोरखनाथ ने अपने मत को व्यावहारिक और मनुष्य के दैनिक जीवन के लिए उपयोगी बनाने का कार्य भी किया। उनके अनुसार हँसना-खेलना कोई निषिद्ध कार्य नहीं है। मूल बात है चित्त की दृढ़ता। यदि मनुष्य का चित्त दृढ़ और एकाग्र है तो उसे कोई खतरा नहीं है। हमें सदैव इस तथ्य को याद रखना चाहिए। ऐसी स्थिति में हँसने-खेलने में कोई बुराई नहीं है। हमें केवल इस बात का ध्यान रखना है कि काम और क्रोध में मन आसक्त न होने पाए, चित्त की शिथिलता उसे बहकने न दे। ऐसी उपलब्धि के साथ हँसने-खेलने और गाने-बजाने वाले व्यक्ति से नाथ जी प्रसन्न ही होते हैं। ऐसा साधक जो हँसते-खेलते हुए ध्यान करता है, रात-दिन ब्रह्म ज्ञान की बात करता है और जो हँसने-खेलने पर भी मन-भंग नहीं होने देता वह निश्चल साधक सदैव नाथ के साथ रहता है, उनके सान्निध्य को प्राप्त करता है—

हँसिबा षेलिबा रहिबा रंग। काम-क्रोध न करिबा संग।
हँसिबा षेलिबा गाइबा गीत। दिढ़ करि राषि आपना चीत॥
हँसिबा षेलिबा धरिबा ध्यांन। अहनिसि कथिबा ब्रह्म गियांन॥
हँसै षेलै न करै मन भंग। ते निहचल सदा नाथ के संग॥

(वही, पृ. 3-4)

योगी जल्दबाजी करके सिद्धि नहीं पा सकता। यह पंथ इतना आसान भी नहीं है। उसे हर जगह सोच-समझकर ही बोलना चाहिए।

अपने मार्ग पर फूँक-फूँककर चलना चाहिए। साथ ही, पूरे धैर्य के साथ एक-एक कदम रखना चाहिए। गर्व करना उसके लिए बुरी बात है। कवि की दृष्टि में उसका व्यवहार सहज होना चाहिए। गोरखनाथ उसके लिए अनुशासन तय करते हुए कहते हैं कि जहाँ-तहाँ उसे हकबकाकर नहीं बोलना चाहिए। उसे कहीं भी धड़धड़ाकर नहीं जाना चाहिए अर्थात् उसके लिए यह उपयुक्त नहीं है कि वह कहीं से भी उछलते-कूदते हुए निकल जाए। धैर्य उसकी सबसे बड़ी साधना है। उसे अहंकारमुक्त होकर सहज ही रहना चाहिए। इस तरह गोरखनाथ योगी के दैनिक क्रिया-कलापों और जीवनचर्या के माध्यम से ही अपने मत का प्रतिपादन करते हैं। यथा—

हबकि न बोलिबा ठबकि न चलिबा धीरै धरिबा पावं।
गरब न करिबा सहज रहिबा भणत गोरष रावं॥

(वही, पृ. 11)

कहना न होगा कि गोरख ने योगी के लिए जिस सदाचार का आदर्श रखा वह गृहस्थ अथवा जनसामान्य के लिए भी उतना ही उपयोगी है, क्योंकि वह मनुष्य की जीवनचर्या का ही अविच्छिन्न अंग है। अत: वे कहते हैं कि योगी को कथनी से बचकर करनी अथवा आचरण पर ध्यान देना चाहिए। उसके जीवन में आचरण ही प्रधान वस्तु है। बड़ी-बड़ी बातें करना अथवा शेखी बघारना उसके लिए श्रेयस्कर नहीं है। वे शील की महिमा का प्रतिपादन करते हुए लिखते हैं कि केवल योगी ही नहीं, शीलवान गृही भी गंगा जल की तरह पवित्र होता है—

सहज सील का धरै सरीर, सो गिरही गंगा का नीर॥

गोरखबानी के अनेक पद संवाद-शैली में हैं। जहाँ एक शिष्य अपने गुरु से प्रश्न करता है। गोरखनाथ ने अपने शिष्यों की सहज जिज्ञासा के उत्तर में अनेक पदों की सृष्टि की है। ऐसे ही एक पद में शिष्य गुरु से प्रश्न करता है कि उसका आचरण कैसा हो? उसकी समस्या यह है कि यदि वह वन जाता है तो भूख सताती है, नगर में जाता है तो माया के वशीभूत हो जाता है। ऐसी स्थिति में वह क्या करे? क्योंकि भरपेट भोजन करने से मन में विकार उत्पन्न

होता है। हमारे समक्ष सबसे बड़ी समस्या यह है कि यह जल-बिन्दु विनिर्मित काया सिद्ध कैसे हो? कहने का आशय यह है कि जगह बदलने से समस्या का निराकरण नहीं हो सकता। हमारा जीवन हर जगह समस्याग्रस्त है। जंगल में खाने की समस्या, बस्ती में माया के आकर्षण की समस्या, राजसी और तामसी भोजन करने से काम वासना की समस्या। अत: वह समस्यामुक्त कैसे हो? गोरखनाथ इसका उपाय बताते हुए कहते हैं कि साधक के लिए यही श्रेयस्कर है कि वह शुक्र को ऊर्ध्वगामी बनाए। वह स्वयं को संयमित करके ही काया को सिद्ध कर सकता है। काया सिद्ध होने पर सब कुछ सिद्ध हो जाता है क्योंकि 'यत् ब्रह्मांडे तत् पिंडे'। वे साधक के माध्यम से सामान्य व्यक्ति की दिनचर्या का भी निर्धारण करते हुए लिखते हैं कि जो थोड़ा बोलता है और थोड़ा खाता है, उसके शरीर में पवन अर्थात् प्राण वायु समाया रहता है। उसके आकाशमंडल यानी ब्रह्मरंध्र प्रदेश में अनवरत अनहद नाद होता रहता है। इस साधन यानी गुरु के होते हुए भी यदि शिष्य का शरीरपात हो जाए तो सद्गुरु के लिए लज्जा की बात है। वे मनुष्य को निरोगी होने का मंत्र देते हुए कहते हैं कि कम खाओ, निद्रा को वापस कर दो फिर कभी भी रोगी नहीं होगे। चूँकि नाग, बंग, वनस्पति आदि रासायनिक क्रियाओं से नाथपंथ में कायाकल्प का विधान है। अत: छठे-छमासे अर्थात् छह महीने में कायाकल्प करना चाहिए। यह दूसरी बात है कि ऐसा कोई बिरला योगी ही कर सकता है। इस तरह शिष्य को दिए गए उपदेश के बहाने गोरखनाथ जमकर खाने और नींद-भर सोने वालों पर करारा व्यंग्य किया है—

थोड़ा बोले थोड़ा षाइ तिस घटि पवनां रहै समाइ।
गगन मंडल में अनहद बाजै, प्यंड पड़ै तो सतगुरु लाजै॥
अवधू अहार तोड़ौ निद्रा मोड़ौ कबहु न होइगा रोगी।
छठे-छमास काया पलटिबा ज्यूँ को को बिरला जोगी।

(वही, पृ. 32-33)

हमारा देश कृषिप्रधान देश माना जाता है। यहाँ कृषि-विषयक शब्दावली का बाहुल्य है। अत: गोरखनाथ भी अपने अनेक पदों में किसान जीवन के रूपक के सहारे आध्यात्मिक सन्दर्भों का निर्वचन

करते हैं। उनके अनुसार वो ब्रह्मलीन होने के कारण ब्रह्मरूप हैं। वैसे तो ब्रह्म बीज रूप में हर व्यक्ति के अन्दर विद्यमान रहता है परन्तु वही शरीर सार्थक है जिसमें ब्रह्मरूपी बीज उग आता है अर्थात् साधक को ब्रह्मानुभूति हो जाती है। यद्यपि गोरखनाथ का उपदेश हर व्यक्ति के लिए है किन्तु जिस तरह कच्चे बर्तन में पानी नहीं ठहर सकता उसी तरह ब्रह्मज्ञान से रहित कच्चे शरीर में उपदेश भी नहीं ठहर सकता। गोरख ने तो प्रत्येक व्यक्ति की शरीररूपी क्यारी को बोया है परन्तु वही क्यारी अपनी है जिसमें बीजांकुरण हो अर्थात् जिसमें उपज पैदा हो। गोरखनाथ का उपदेश तो हर शरीर के लिए है, मानव-मात्र के लिए है लेकिन जिस तरह कच्चे बर्तन में पानी का ठहराव मुश्किल है उसी तरह कच्चे शरीर में उनके उपदेश का टिके रहना भी चुनौतीपूर्ण है—

घटि-घटि गोरष बाही क्यारी, जो निपजै सो होइ हमारी।
घटि-घटि गोरष कहैं कहाणी काँचै भाँडै रहे न पाणी॥

(वही, पृ. 53)

गोरखनाथ का नारी सम्बन्धी दृष्टिकोण बेहद कठोर रहा है। उन्होंने सिद्धों के पंच मकार के सेवन का हश्र देखकर ही नारी के योनि रूप का घोर विरोध किया है। उनके अनुसार योग और स्त्री का कोई मेल नहीं है। इनके युगजीवन और नारी सम्बन्धी दृष्टिकोण पर विचार करते हुए डॉ. हजारीप्रसाद द्विवेदी ने लिखा है कि "गोरखनाथ का जिस समय आविर्भाव हुआ था, वह काल भारतीय धर्म-साधना में बड़े उथल-पुथल का है। एक ओर मुसलमान भारत में प्रवेश कर रहे थे और दूसरी ओर बौद्ध साधना क्रमशः तंत्र-मंत्र और टोने-टोटके की ओर अग्रसर हो रही थी। दसवीं शताब्दी में यद्यपि ब्राह्मण धर्म सम्पूर्ण रूप से अपना प्राधान्य स्थापित कर चुका था तथापि बौद्धों, शाक्तों और शैवों का एक बड़ा भारी समुदाय ऐसा था जो ब्राह्मण और वेद को नहीं मानता था।" (नाथ-सिद्धों की बानियाँ, पृ. 11)। इस तरह गोरखनाथ के व्यक्तित्व एवं चिन्तन के निर्माण में तत्कालीन परिस्थितियों का भी विशेष योगदान रहा है। यही कारण है कि इनकी बानी में विषयगत वैविध्य भरपूर है।

गोरखनाथ ने शब्द के महत्त्व का प्रतिपादन करते हुए लिखा

है कि 'शब्द ही ताला है, शब्द ही कुंजी है। शब्द ने ही शब्द को जगाया है। शब्द का शब्द से ही परिचय हुआ और शब्द में समा गया।' इसका आशय यह है कि परमतत्त्व को बन्द रखने के कारण शब्द ताला है। जब परमतत्त्व स्थूल आवरणों से आबद्ध हो जाता है तो सृष्टि की रचना होती है। चूँकि मूल अधिष्ठान तक वापस जाने के लिए समस्या रूपी ताला उसी से खुलता है अत: शब्द कुंजी भी है वस्तुत: समस्या है वापस आने की। अन्तरौ शब्द अर्थात् नाद का जागरण शब्द यानी गुरु उपदेश द्वारा ही होता है जिसे गोरखनाथ ने शब्द का शब्द से परिचय कहा है। जब इस प्रकार स्थूल शब्द के द्वारा सूक्ष्म शब्द से परिचय होता है तब वह उसमें समा जाता है अर्थात् स्थूल शब्द सूक्ष्म शब्द में समा जाता है—

सबदहिं ताला सबदहिं कूँची, सबदहिं सबद जगाया।
सबदहिं सबद तू परचा हुआ, सबदहिं सबद समाया॥

(वही, पृ. 28)

इस तरह गोरखबानी में कवि के उपदेशों में उसका जीवनानुभव ही अभिव्यक्ति पाता है। चूँकि वे अन्तर्दृष्टि सम्पन्न थे और उनकी अनुभूति सूक्ष्मतर थी अत: उन्हें अपने अनुभवों को रूपायित करने के लिए प्रतीकों का सहारा लेना पड़ा। इन्होंने लोकजीवन में किए गए साधनापरक अनुभवों को वाणी दी है। ये लोकजीवन, लोकानुभव और लोक-संस्कृति को लोकभाषा में प्रस्तुत करके योग जैसे जटिल विषय को जनसुलभ बनाते हैं। चूँकि सम्पूर्ण भारतीय धर्म-साधनाओं में योग का अपना वैशिष्ट्य रहा है जिसके कारण इनकी बानी का परवर्ती साहित्य पर विशेष प्रभाव पड़ा। चूँकि सभी साधनाओं का लक्ष्य जीवात्मा को परमात्मा में समाहित करना है अत: इनके द्वारा प्रतिपादित योग-मार्ग उसके लिए आधारभूत सामग्री उपलब्ध कराता है। आज जब संयुक्त राष्ट्रसंघ के द्वारा अन्तरराष्ट्रीय योग दिवस विश्व भर में मनाया जाता है तब इस क्षेत्र में इनके अवदान का सहज ही अनुमान लगाया जा सकता है। इसके अलावा गोरखनाथ का महत्त्व इसलिए भी है कि इन्होंने अपने समय एवं समाज में व्याप्त कुरीतियों, पापाचारों, अन्धविश्वासों, विकृतियों एवं मानसिक संतापों से मुक्ति को अपने काव्य का विषय बनाया। कबीर से बहुत पहले हिन्दुओं एवं

मुसलमानों की साम्प्रदायिक भावना पर प्रहार करके उनमें मेल-जोल स्थापित करने का प्रयास किया। ये पहले बड़े व्यक्ति हैं जिसने हिन्दुओं और मुसलमानों के बीच संवाद कायम करने का प्रयास किया। इनकी साधना-पद्धति में क्रान्ति और समन्वयशीलता का सुन्दर विन्यास हुआ है। इन्होंने सामान्य मनुष्य के लिए उपयोगी बातों को उनकी ही भाषा में प्रस्तुत करके अपने प्रभाव-सन्दर्भ का विस्तार किया। उन्होंने लोक और वेद किसी से समझौता करने के बजाय दृढ़तापूर्वक अपने मत का प्रतिपादन किया। यही कारण है कि उनका व्यक्तित्व युगान्तरकारी रहा है। उनके ऐतिहासिक प्रदेय को सही ढंग से विश्लेषित करके ही हम उनके महत्त्व को रेखांकित कर सकते हैं। हमने गोरखबानी सार के रूप में एक विनम्र प्रयास किया है। मुझे पूर्ण विश्वास है कि हिन्दी जगत् इस पुस्तक का खुले मन से स्वागत करेगा।

इस पुस्तक के लिए पद-चयन और भावार्थ लेखन में डॉ. दर्शन पाण्डेय ने विशेष रूप से सहयोग दिया है जिसके लिए उनका विशेष रूप से आभारी हूँ। अन्त में, मैं राधाकृष्ण प्रकाशन, नई दिल्ली के निदेशक श्री अशोक महेश्वरी का विशेष आभार व्यक्त करता हूँ जिन्होंने इस पुस्तक को अत्यल्प समय में प्रकाशित कर आप पाठकों तक पहुँचाया है।

—डॉ. करुणाशंकर उपाध्याय
डॉ. दर्शन पाण्डेय

गोरखबानी

बसती न सुन्यं सुन्यं न बसती अगम अगोचर ऐसा।
गगन-सिषर महिं बालक बोलै ताका नाँव धरहुगै कैसा॥

शब्दार्थ : बसती—बस्ती, सुन्यं—शून्य/सुनना, गगन—आकाश/संसार, सिषर—शीर्ष की ओर, महिं—में, नाँव—नाम, धरहुगै—रखोगे/धरोगे।

व्याख्या : इस पद में गोरखनाथ जी कहते हैं कि परमब्रह्म अगम और अगोचर है, अर्थात् उस तक पहुँचना सहज सम्भव नहीं है। न ही वह सहज दिखाई देता है, क्योंकि वह इन्द्रियों का विषय नहीं माना जाता। वह हमारे भाव एवं अभाव, सत् और असत् से कहीं हटकर है, जिसकी किसी से तुलना भी सम्भव नहीं है। वास्तव में इस ब्रह्मा का निवास आकाश में माना जाता है, आकाश को शून्य अथवा ब्रह्मरंध्र भी कहा गया है। जो भी इस शून्य तक पहुँचता है, वही उस परम तत्त्व से भेंट या साक्षात्कार कर पाता है। वह परमब्रह्म बालक के समान है, क्योंकि दोनों ही पाप और पुण्य से दूर या अछूते हैं। वह जन्म और मृत्यु से भी दूर है। वह किसी नाम और रूप आदि संज्ञाओं से भी परे की वस्तु है।

विशेष :

- परम तत्त्व को अगम, अगोचर कहा गया है, क्योंकि वह इन्द्रियों का विषय नहीं है।
- परम ब्रह्म को बालक कहा गया है क्योंकि बालक की आत्मा भी ईश्वर के समान निश्छल होती है।

वेदे न सास्त्रे कतेबे न कुरांणे पुस्तके न बंच्या जाई।
ते पद जांनां बिरला जोगी और दुनी सब धंधै लाई॥

शब्दार्थ : वेदे—वेद, सास्त्रे—शास्त्र, कुरांणे—कुरान, बंच्या—पढ़ना, जांनां—जानना, दुनी—दुनिया।

व्याख्या : इस पद में परम साधक योगी के गुणों को उद्‌घाटित किया गया है। वेद, पुराण, कुरान विभिन्न शास्त्र आदि धर्म ग्रंथों में परम ब्रह्म के बारे में जिस तरह के पद मिलते हैं, उन्हें सामान्य साधक नहीं समझ सकता। उस परम तत्त्व के विषय में जिस तरह के पद हैं, उन्हें केवल सिद्ध साधक अथवा बिरला योगी ही समझ सकता है। इसका मुख्य कारण है कि सामान्य व्यक्ति इस मायावी दुनिया के चक्कर में ही लगा रहता है। इस लौकिक संसार की मोह-माया में फँसा व्यक्ति अपने जीवन के अनावश्यक काम-धन्धे से मुक्त नहीं हो पाता। ऐसे में उस परम ब्रह्म को जानने की क्षमता कहाँ से प्राप्त होगी? उसे जानने के लिए सांसारिक मोह-माया का त्याग आवश्यक है।

विशेष :

- इस लौकिक जगत् तथा नश्वर सांसारिक प्रपंचों से मुक्त होने के पश्चात् ही परम ब्रह्म की प्राप्ति सम्भव है।

हँसिबा षेलिबा रहिबा रंग। काम-क्रोध न करिबा संग।
हँसिबा षेलिबा गाइबा गीत। दिढ़ करि राषि आपना चीत॥

शब्दार्थ : हँसिबा—हँसना, षेलिबा—खेलना, काम—काम, करिबा—करना, संग—साथ, गाइबा—गीत गाना।

व्याख्या : मनुष्य को सुखी और संतुष्ट जीवन जीने के लिए कुछ बातें अपनानी चाहिए। मनुष्य को हमेशा चेहरे पर मुस्कुराहट रखना चाहिए। सदैव प्रसन्न मुख रहने, हँसी-ठिठोली और खेलने-कूदने से परेशानी और तनाव से बच सकते हैं। हरदम मस्त और मस्ती में रहने वाला व्यक्ति क्रोध और काम आदि विकारों से भी दूर रहता है। क्योंकि क्रोध और काम वासनाएँ हमें अशान्त और असन्तुष्ट करती हैं। गीत और संगीत से मानसिक तनाव से मुक्ति मिलती है। यह ऐसा साधन है जिससे हमारा मन प्रसन्न, चित्त शान्त और व्यक्तित्व दृढ़ इच्छाशक्ति तथा संकल्प शक्ति से परिपूर्ण हो जाता है।

विशेष :

- इस पद के माध्यम से मनुष्य को सुखी और सम्पन्न जीवन जीने का मंत्र दिया गया है।
- मानसिक और शारीरिक रूप से सक्षम और स्वस्थ रहने के लिए खेल एवं गीत-संगीत का सहारा लेना चाहिए।

हँसिबा षेलिबा धरिबा ध्यांन। अहनिसि कथिबा ब्रह्म गियांन।
हँसै षेलै न करै मन भंग। ते निहचल सदा नाथ कै संग।।

शब्दार्थ : हँसिबा—हँसना, षेलिबा—खेलना, ध्यांन—ध्यान करना, निहचल—निष्कपट।

व्याख्या : इस पद में गोरखनाथ जी कहते हैं कि मनुष्य को सुखी रहने के लिए हँसना, खेलना और एकाग्रचित्त होकर ध्यान आदि (योग, प्राणायाम) कार्य अवश्य करने चाहिए। इसके अलावा ब्रह्मज्ञान के बारे में चर्चा-परिचर्चा करना चाहिए। ध्यानपूर्वक ब्रह्मज्ञान पर परिचर्चा से जीवन की सार्थकता सिद्ध होती है। इस प्रकार संयमपूर्वक जो अपने मन को ब्रह्मज्ञान में लीन रखता है, निश्चल रहता है, मन को संयमित रखता है, वह ब्रह्म के साथ एकाकार हो जाता है।

विशेष :

- मनुष्य को सुखी रहने के लिए जीवन में हँसना, खेलना और ध्यान-योग आदि कार्य करना चाहिए।
- ब्रह्म से एकाकार होने के लिए निश्चल होकर चित्त को काबू में रखने की बात कही गई है।

महंमद महंमद न करि काजी महंमद का विषम विचारं।
महंमद हाथि करद जे होती लोहै घड़ी न सारं॥

शब्दार्थ : महंमद—पैगम्बर मुहम्मद, हाथि—हाथ, लोहै—लोहा (छुरी)।

व्याख्या : इस पद में कहा गया है कि हे काजी! तुम बड़े जोर-जोर से मुहम्मद, मुहम्मद का नाम लेते हो, उसे पुकारते हो। किन्तु क्या तुम मुहम्मद साहब के वास्तविक रूप को भी समझते हो? क्योंकि मुहम्मद साहब को जानना, उनका विचार करना बहुत गम्भीर और कठिन कार्य है। जिस जीव-हत्या का अनुसरण तुम कर रहे हो वह बिलकुल गलत है। पैगम्बर मुहम्मद के हाथ में जो छुरी थी वह लोहे की नहीं थी, जिससे किसी की हत्या की जाए। बल्कि वह सूक्ष्म छुरी थी, जो अपने शिष्यों के भीतर की अतिभौतिकता एवं सांसारिक विषय-वासनाओं आदि को मारने के लिए थी। साथ ही यह छुरी वास्तव में जीवन देने वाली थी। बाहरी आवरण हटने के बाद व्यक्ति का अन्तर्मन जागृत होता है, वहीं से उसकी आध्यात्मिक यात्रा की शुरुआत भी होती है, जिसके बाद ही जीवन का असली आनन्द प्राप्त होता है। इसलिए अपनी अज्ञानता को दूर करो।

विशेष :

- यहाँ पैगम्बर मुहम्मद साहब के सन्देश के आध्यात्मिक पक्ष को बताया गया है, जिसे उनके अनुयायी अज्ञानतावश नहीं समझ पाते।

नाथ कहतां सब जग नाथ्या गोरष कहतां गोई।
कलमा का गर महंमद होता पहलैं मूवा सोई॥

शब्दार्थ : जग—युग, महंमद—पैगम्बर मुहम्मद, मूवा—मरना।

व्याख्या : इस पद में यह अर्थ स्पष्ट हुआ है कि माया को अपने वश में रखने वाले गोरखनाथ योगी का नाम लेते हुए भी यह सत्य है कि सारा संसार माया द्वारा ही नाथ दिया गया है। केवल कलमा पढ़ने से उसके शब्द किसी का उद्धार नहीं कर सकते। कलमा को चलाने वाले मुहम्मद भी बच ना सके, योगी अपने गुरुओं को प्रत्यक्ष शरीर रूप में ही देखते हैं, वे उसी को ही अमर मानते हैं।

विशेष :

- इस पद में मायारूपी जीवन की दार्शनिकता दिखाई देती है। गोरखनाथ की तुलना मुहम्मद से करते हुए उनके दार्शनिक दृष्टिकोण को महत्त्वपूर्ण बताया गया है।
- गुरु की महत्ता स्वीकार की गई है।

उतपति हिंदू जरणा जोगी अकलि परि मुसलमांनी।
ते राह चीन्हों हो काजी मुलां ब्रह्मा बिस्नु महादेव मांनी ॥

शब्दार्थ : जरणा—वृद्धावस्था/जीर्ण करना/पचाना, अकलि—बुद्धि, चीन्हों—पहचानो, मांनी—माना है।

व्याख्या : गोरखनाथ जी कहते हैं कि जन्म से मैं हिन्दू हूँ, वृद्धावस्था या जीवन के अनुभव के कारण योगी हूँ, अपनी बुद्धि से मुसलमानी पीर हूँ। अत: हे काजियो और मुल्लाओ, उस परम तत्त्व को प्राप्त करने के मार्ग को पहचानो जिसे सृष्टिकर्ता ब्रह्मा, पालनकर्ता विष्णु तथा संहारक शिव ने भी माना है। तात्पर्य यह है कि हिन्दू और मुसलमान दोनों एक ही हैं, ईश्वर भी एक ही है। दोनों के बीच असमानता या भेद को दूर करते हुए एकता स्थापित करो। दोनों का स्थान और सम्मान बराबर है, दोनों श्रेष्ठ हैं, इस बात को समझो।

विशेष :

- हिन्दुओं में साधक जोगी के लिए गुरु की महत्ता या गुरु का स्थान ठीक उसी प्रकार है जैसा मुसलमानों में पीरों का है। गोरखनाथ ने अपने नाम में पीर शब्द का प्रयोग किया है, किन्तु इसका अभिप्राय यह कदापि नहीं है कि उन पर मुसलमानों का अधिक प्रभाव है। बल्कि उनके लिए गुरुओं का मान और पीर आदि का मान एक समान है।
- हिन्दू और मुस्लिम एकता स्थापित करने का संकेत मिलता है।

अजपा जपै सुंनि मन धरै, पाँचौ इंद्री निग्रह करै।
ब्रह्म अगनि मैं होमै काया, तास महादेव बंदै पाया॥

शब्दार्थ : जपै—जाप, पाँचौ इंद्री—पाँच इंद्रियाँ (आँख, नाक, कान, मुख, त्वचा) निग्रह—त्याज्य, बंदै—वंदना।

व्याख्या : इस पद के माध्यम से कहा गया है कि जो व्यक्ति अजपा जाप करता है। वह ब्रह्मरंध्र (शून्य) में अपने मन को लीन किए रहता है। वह हर मोह-माया के बंधनों से मुक्त रहता है। उसे किसी भी प्रकार का लोभ-लालच नहीं रहता। वह किसी प्रकार की आशा भी नहीं रखता। उन्हें कामिनी स्त्री, धन आदि किसी अन्य मोह-बंधनों में बँधने की इच्छा नहीं रहती है। ऐसे व्यक्ति का मन अपने बस में होता है, जिससे निरंतर वह अपने मन को अजपा जाप अर्थात् भक्ति में लीन रखता है। अपनी पाँचों इन्द्रियों को जो अपने वश में रखते हैं, उनके लिए सर्वोपरि मार्ग भक्ति है। वह उसी पर ध्यान केन्द्रित किए रहता है। वह ब्रह्म अनुभूति रूपी अग्नि में अपने भौतिक अस्तित्व अर्थात् काया को अपनी हर सांसारिक मोह-माया, परिवार आदि हर जरूरतों की आहुति कर डालता है। उन सबको अपने से दूर कर देता है। ऐसे में उसका सबसे महत्त्वपूर्ण लक्ष्य ईश्वर को प्राप्त करना होता है। इस जीवन में कोई आशा-अभिलाषा नहीं होती केवल ईश्वर ही उनके लिए सर्वोपरि होता है। जिनका अपनी पाँचों इन्द्रियों पर पूर्ण रूप से नियंत्रण हो, निश्चय ही ऐसे श्रेष्ठ व्यक्ति की तो योगेश्वर महादेव भी वंदना करते हैं।

विशेष :

- जब व्यक्ति अपनी इन्द्रियों पर काबू कर लेता है तब ईश्वर का साक्षात्कार करना भी सहज हो जाता है, क्योंकि भक्ति मार्ग में इन्द्रियों को वश में करना जरूरी है।
- अजपा जाप ऐसा जाप है जिसके लिए किसी बाहरी दिखावे की जरूरत नहीं है। ब्रह्मरंध्र में मन को लीन करके बिना मंत्र के उच्चारण के सहज रूप सोहं सोहं का जप करना ही अजपा जाप है। व्यक्ति की साँसों के उतार-चढ़ाव से ईश्वर का स्मरण स्वयमेव होता रहता है। अजपा जाप का वर्णन संत कबीर ने भी किया है। वास्तव में नाथ योगियों का परवर्ती संतों के काव्य पर व्यापक प्रभाव पड़ा है।

धन जोवन की करै न आस, चित्त न राखै कांमनि पास।
नाद बिंद जाकै घटि जरै, ताकी सेवा पारबती करै॥

शब्दार्थ : जोवन—यौवन, आस—आशा, कांमनि—कामिनी/स्त्री, ताकी—उसकी।

व्याख्या : इस पद में बताया गया है कि जो धन का लोभ नहीं करता, धन को एकत्र न करके अपने पास मौजूद धन को गरीबों को दान करता है, जिसे किसी प्रकार का लालच नहीं होता, जिसे न तो चिर यौवन की आशा रहती है, न ही किसी अन्य वस्तु की। ऐसा व्यक्ति जिसका चित्त सुन्दर स्त्री को देखकर भी नहीं भटकता। जो हर प्रकार की आशाओं से मुक्त रहता है। जो किसी भी मोह-माया के बंधनों के जाल में नहीं फँसता। ऐसे व्यक्ति के लिए सर्वोत्तम ईश्वर की प्राप्ति एवं प्रभु का जाप या स्मरण एकमात्र कार्य रहता है। ऐसा साधक जिसके शरीर में नाद (वाणी) और बिन्दु (वीर्य) भस्म होते रहते हैं अर्थात् ये दोनों योगी के नियंत्रण में रहते हैं। जिसके मन में किसी प्रकार का छल-कपट नहीं रहता है। गोरखनाथ जी का कहना है कि जिसके भीतर ये सभी गुण विद्यमान हैं उसकी सेवा तो स्वयं पार्वती भी करती हैं। उसकी भक्ति को स्वीकार करती हैं, उसकी रक्षा करती हैं, उसके सभी दुख दूर करती हैं।

विशेष :

- इस पद का सन्देश है कि सांसारिक विषय-वासनाओं से मुक्त

व्यक्ति ही ईश्वर कृपा का अधिकारी हो सकता है।

- नाद और बिन्दु के माध्यम से कहीं न कहीं ब्रह्मचर्य की विशेषता को भी रेखांकित किया गया है, जो योगी बनने की शर्त भी है।

बालै जोबनि जे नर जती, काल दुकालां ते नर सती।
फुरतै भोजन अलप अहारी, नाथ कहै सो काया हमारी॥

शब्दार्थ : बालै—बाल्यावस्था, जोबनि—यौवनावस्था, काल दुकालां—सुख-दुःख/समय-असमय, फुरतै—फुर्ती से/शीघ्र, अलप—कम, अहारी—भोजन, काया—शरीर।

व्याख्या : जो व्यक्ति अपने बचपन एवं युवावस्था में स्वयं को संयमित कर लेता है। अपनी पाँचों इन्द्रियों को वश में करता है, उसे किसी मोह-माया में कोई बाँध नहीं पाता। जिस कारण वह पथभ्रष्ट भी नहीं होता। अपनी इन्द्रियों का नियंत्रण करने पर कैसी भी परिस्थिति आ जाए, वह व्यक्ति हमेशा स्थिर रहता है। वह समय या असमय, सुख या दुःख में हमेशा सत्य मार्ग पर टिका रहता है। ऐसे व्यक्तियों के बारे में गोरखनाथ कहते हैं कि जो व्यक्ति फुर्ती के साथ भोजन करते हैं अर्थात् अन्य व्यक्तियों की अपेक्षा कम खाते हैं। वास्तव में ऐसा संयम इन्द्रियों को वश में करके ही हो सकता है। किसी भी व्यक्ति में गुण जन्म से ही नहीं आ जाते, उसे स्वयं को साधना पड़ता है। जो व्यक्ति ऐसा कर लेते हैं तब उसमें और मुझमें कोई अन्तर नहीं रह जाता अर्थात् वह मेरे समीप आ जाता है, समरूप हो जाता है।

विशेष :

- प्रस्तुत पद्यांश में आत्मा के शुद्धीकरण और आत्मसंयम की बात कही गई है। कहने का तात्पर्य है कि जो व्यक्ति अपनी बाल्यावस्था और यौवनावस्था में अपनी भावनाओं और इच्छाओं पर अपना

नियंत्रण रखते हैं, वह हर परिस्थिति में एकसमान रहते हैं।

- इन पंक्तियों में स्वयं पर संयम रखने, इन्द्रियों को वश में करने का वर्णन किया है। अति संतोष व्यक्ति में आलस्य और निराशा भर देता है, कहने का तात्पर्य है कि अधिक भोजन करने वाला व्यक्ति भगवद् भक्ति नहीं कर सकता।

**हबकि न बोलिबा, ठबकि न चलिबा धीरै धरिबा पाँव।
गरब न करिबा सहजै रहिबा, भणत गोरष राँव॥**

शब्दार्थ : हबकि—अचानक से, बोलिबा—बोलना, ठबकि—जोर से, चालिबा—चलना, धरिबा पाँव—पैर रखना, गरब—अभिमान, करिबा—करना, सहजै—स्वाभाविक रूप से, रहिबा—रहना, भणत—कथन या उपदेश।

व्याख्या : हमें किसी भी समय अनियंत्रित नहीं होना चाहिए। हर काम को सोच-समझ कर करना चाहिए। क्या सही है, क्या गलत है बिना सोचे-समझे किसी को तुरन्त कुछ नहीं बोलना चाहिए। जोर-जोर से पैर पटकते हुए नहीं चलना चाहिए, धीरे-धीरे पैर रखना चाहिए। हमें अपने ऊपर अभिमान नहीं करना चाहिए। सदैव अपने स्वभाव के अनुसार सामान्य रूप से रहना चाहिए। यही गोरखनाथ का उपदेश है।

विशेष :

- भाव साम्य—बिना विचारे जो करे, सो पाछे पछताय।
- जो व्यक्ति अपने ऊपर अहंकार करता है उसकी सारी प्रतिभा नष्ट हो जाती है।
- गोरखनाथ ने स्वयं के लिए गोरखराव, गोरखदेव तथा गोरख जैसे शब्दों का प्रयोग किया है।

नाथ कहै तुम सुनहु रे अवधू दिढ़ करि राषहु चीया।
काम क्रोध अहंकार निबारौ तौ सबै दिसंतर कीया॥

शब्दार्थ : सुनहु—सुनना, चीया—चाँटा पड़ना, दिसंतर—देश-भर में घूमना, निवारौ—निवारण, सबै—सब।

व्याख्या : गोरखनाथ घट चक्र को मानते हैं, इसका आशय यह है कि उनका शरीर ही तीर्थस्थल है। योगियों का तो कोई अपना घर-बार नहीं होता, वे तो सारी दुनिया को ही अपना घर मानते हैं, इसलिए तीर्थयात्रा करते हैं। आज यहाँ तो कल वहाँ, इसी में उनकी जिन्दगी बीत जाती है। गोरखनाथ भक्तों से कहते हैं—अपना शरीर ही तीर्थस्थल है, इसलिए किसी तीर्थ पर जाना आवश्यक नहीं। अगर हमारा मन स्थिर है और हमारे मन से काम, क्रोध, अहंकार का निवारण हो गया है तो सब तीर्थाटन हो गया। क्योंकि तीर्थ दर्शन हम इसीलिए करते हैं कि हमारा मन स्थिर रहे तथा हमारी बुराइयों और दोषों का निवारण हो।

विशेष :

- पद का आशय है कि मनुष्य मन की शुद्धि में ही परम सुख है, इसी में तीर्थाटन है।

स्वामी बन षंडी जाऊँ तो षुध्या व्यापै नग्री जाऊँ त माया।
भरि भरि षाउं त बिंद बियापै क्यों सीझति जल ब्यंद की माया॥

शब्दार्थ : बन षंडी—वन खंड/जंगल, जाऊँ—जाना, षुध्या व्यापै—भूख-प्यास लगना, नग्री—शहर, माया—चमक-दमक, भरि भरि—भर भर के खाना, बिंद बियापै—इच्छाएँ जागना।

व्याख्या : भक्त अपने प्रभु से कहता है कि हे स्वामी, मैं वन खंड में जाता हूँ तो मुझे प्यास लगती है, भूख सताती है। वहीं यदि मैं शहर में जाता हूँ तो वहाँ की चमक-दमक मुझे अपनी ओर आकर्षित करती है। अगर मैं भरपेट खूब खाता-पीता हूँ तो नई इच्छाओं के बढ़ने से मुझे काम-वासना सताती है। अब आप ही बताओ मैं बढ़ती इच्छाओं से निर्मित इस शरीर को कैसे सिद्ध बनाऊँ, आत्म-संयम कैसे लाऊँ?

विशेष :

- तात्पर्य यह है कि इच्छाओं के बढ़ने से आत्मिक उन्नति के मार्ग में अवरोध उत्पन्न होता है।

धाये न षाइबा भूषे न मरिबा अहनिसि लेबा ब्रह्मा अगनि का भेवं।
हठ न करिबा पड्या न रहिबा यूँ बोल्या गोरष देवं॥

शब्दार्थ : धाये—अधिक, षाइबा—खाना, भूषे—भूख, मरिबा—मरना, अहनिसि—रात-दिन, ब्रह्मा अगनि—ब्रह्माग्नि (रोशनी और हवा के सन्दर्भ में), हठ—जिद, करिबा—करना, पड्या न रहिबा—पड़े न रहना, बोल्या—बोलना।

व्याख्या : गोरख कहते हैं कि भोजन को देखकर उस पर टूट नहीं पड़ना चाहिए और न ही भूखे मरना चाहिए। तात्पर्य यह है कि हमेशा संतुलित भोजन करना चाहिए। रात-दिन ब्रह्माग्नि अर्थात् सूर्य की रोशनी और हवा को ग्रहण करना चाहिए। शरीर के साथ हठ नहीं करना चाहिए, आलस्य में पड़े नहीं रहना चाहिए। सदैव सक्रियता बनी रहनी चाहिए।

विशेष :

- इस पद के माध्यम से साधक के लिए संयम और संतुलन की आवश्यकता पर जोर दिया गया है।

थोड़ा बोलै थोड़ा षाइ तिस घटि पवनां रहै समाइ।
गगन मंडल से अनहद बाजै प्यंड पड़ै तो सतगुरु लाजै॥

शब्दार्थ : षाइ—खाना, तिस—किस, घटि—शरीर, पवनां—हवा, समाइ—व्याप्त होना, गगन—आकाश, अनहद बाजै—ब्रह्म ध्वनि।

व्याख्या : नाथ पंथ में कुंडली जागरण के लिए हवा अथवा प्राण वायु को बहुत महत्त्व दिया गया है। गोरखनाथ भक्तों से कहते हैं कि जो कम बोलता है और थोड़ा खाता है, उसके शरीर में प्राण वायु अधिक और ज्यादा देर तक रहती है। ऐसा होने पर आकाशमंडल में ब्रह्म ध्वनि या अनाहत नाद सुनाई देता है। अत: अमृत प्राप्त करने का साधन हमारे पास है। इतना सब होने या जानने के बावजूद हमारा जीवन व्यर्थ हो जाए तो सद्गुरु के लिए लज्जा की बात है।

विशेष :

- साँस अथवा प्राण वायु के महत्त्व को बताया गया है।
- भाव साम्य—अति का भला न बोलना, अति की भली न चूप।
  अति का भला न गर्जना, अति की भली न धूप॥

अवधू अहार तोड़ौ निद्रा मोड़ौ कबहूँ न होइगा रोगी।
छठै छमासै काया पलटिबा ज्यूँ को को बिरला बिजोगी॥

शब्दार्थ : अहार तोड़ौ—कम खाना, निद्रा मोड़ौ—नींद को दूर रखना, मासै—महीना, विजोगी—योगी।

व्याख्या : हे अवधूत! अधिक भोजन मत करो, कम खाओ। आलस्य न करो, नींद को अपने पास मत आने दो। यदि ऐसा होगा तो तुम कभी बीमार नहीं पड़ोगे। ऐसा करके हर छह महीने में तुम अपना कायाकल्प कर लोगे, दूसरा शरीर अर्थात् स्वस्थ तन के स्वामी बन जाओगे। तात्पर्य है कि तुम्हारे शरीर से सारे रोग नष्ट हो जाएँगे। किन्तु ऐसा करना बहुत सामर्थ्य का काम है, ऐसा बिरले जोगी ही कर पाते हैं। इसके लिए संयम, नियम और व्रत आदि करना पड़ता है।

विशेष :

- इस पद में योगी साधक के लिए संयम और नियम के महत्त्व को समझाया गया है।

देव कला ते संजम रहिबा भूत कला आहारं।
मन पवना लै उनमनि धरिबा ते जोगी तत सारं॥

शब्दार्थ : संजम रहिबा—संयम रखना, पवना—हवा।

व्याख्या : भोजन उतना ही करना चाहिए जितने से हमारे पाँच भौतिक तत्त्वों (अग्नि, जल, वायु, पृथ्वी, आकाश) की रक्षा हो सके। अपने देवत्व की रक्षा के लिए संयम से रहना चाहिए। शरीर में हवा या प्राण वायु को साध लेते हैं, उनकी आत्मा का शुद्धीकरण हो जाता है। ऐसा करने वाले जोगी को अमरत्व प्राप्त होता है।

विशेष :

- इस पद में साधक योगी के लिए संयम के महत्त्व को दर्शाया गया है।

गिरही सो जो गिरहै काया। अभि अंतरि की त्यागै माया।
सहज सील का धरै सरीर। जो गिरही गंगा का नीर।

शब्दार्थ : गिरही—गृहस्थी/शरीर, अंतरि—अंतरात्मा, त्यागै—त्यागना।

व्याख्या : कवि कहते हैं कि साधक योगी गृहस्थ नहीं होता है। यदि वह गृहस्थ में है तो वह अपने शरीर और इच्छाओं पर आत्मसंयम रखता है। अर्थात् वह अपने अन्त:करण से माया-मोह को त्याग देता है। उसके चरित्र में सहजता और शील स्वभाव योगी को श्रेष्ठ बनाते हैं। वह गृहस्थ जोगी गंगाजल की भाँति शुद्ध होता है। वह अपने प्रभाव से दूसरे लोगों का भी उद्धार करता है। ऐसे भक्त का भगवान शिव भी आदर करते हैं, उस पर अपनी कृपा बरसाते हैं।

विशेष :
- इस पद में गृहस्थ जोगी के महत्त्व का वर्णन किया गया है।

पढ़ि देखि पंडिता रहि देषि सारं, अपणीं करणीं उतरिबा पारं।
बंदत गोरषनाथ कहि धू साषी, घटि घटि दीपक (बलै) षणि पसू न (पेषे) आंषी।

शब्दार्थ : देषि—देखना, उतरिबा—भवसागर के पार।

व्याख्या : हे पंडित! ब्रह्मज्ञान का अध्ययन-मनन करो, क्योंकि ब्रह्मज्ञान के बिना सब झूठा है। मरने के बाद जिसे मुक्ति मिलती है, उसे बैकुंठ में स्थान मिलता है। चौरासी लाख योनि के चक्कर में नहीं पड़ना पड़ता। आकाश तत्त्व को जानो वही पूर्ण ब्रह्म है, उसी में निर्वाण है। इसी शरीर में उसका परिचय मिल जाता है। गुरु मुख से उसे देखो, उसे पहचानो, जिससे फिर मर्त्यलोक में आगमन न हो। गोरखनाथ कहते हैं कि मैं क्या साक्ष्य दूँ! कैसे बताऊँ कि सम्पूर्ण संसार के घट-घट में परम ब्रह्म की ज्योति जगमग हो रही है। किन्तु अज्ञानी अपने अन्त:करण में मौजूद प्रकाश को देख नहीं पाता। जिस प्रकार की अज्ञानता पशुओं में होती है वैसी ही अज्ञानता सामान्य लोगों में भी मिलती है।

विशेष :

- मरने के बाद जिसे मुक्ति मिलती है, उसे बैकुंठ में स्थान मिलता है। यहाँ कोरे ज्ञान की अपेक्षा कर्म के महत्त्व का प्रतिपादन किया गया है।

मन मैं रहिणाम् भेद न कहिणाम्, बोलिबा अंमृत बांणीम्।
आगिला अगनी होइबा अवधू, तौ आपण होइबा पांणीम्॥

शब्दार्थ : रहिणाम्—स्थिर होना/ठहरना, भेद—अन्तर/बिलगाव, कहिणाम्—बोलना, भाव व्यक्त करना, अंमृत—न मरने वाला (विशेषण)/सुधा रस, आगिला—आगे या सामने का/आने वाला, अवधू—अकेला सांसारिक बन्धनों से मुक्त/संन्यासी, आपण—बाजार/हाट/दुकान।

व्याख्या : गोरखनाथ कहते हैं कि वन में रहते हुए ईश्वर आराधना करने के स्थान पर दूसरों के मन और हृदय में रहना, क्योंकि ईश्वर का वास मन में ही होता है, अर्थात् जो प्रत्येक वस्तु में ईश्वर को व्याप्त मानते हैं उन्हें अपनी सभी बाहरी वृत्तियों को अन्तर्मुखी कर लेना चाहिए। वास्तव में बहिर्मुखता ही क्लेश का कारण होता है। अपने रहस्य को भी नहीं उद्घाटित करना चाहिए, क्योंकि आपकी अनुभूति को समझने वाले कम ही मिलेंगे। जो सज्जन होते हैं वे 'मैं' के भाव को समाप्त कर 'हम' के भाव को अपनाते हैं, अर्थात् कोई अन्तर नहीं करते हैं। ऐसे मनुष्य की वाणी मीठी होती है, वह जो भी बोलते हैं, हृदय को सुख पहुँचाने वाला होता है। वह जब बोलते हैं तब उनके मुख से अमृत अर्थात् सुधा रस बरसता है। यदि कोई आप पर क्रोध करे तो उस पर आगबबूला होने के बजाय उस समय ठंडे पानी की तरह बने रहें। क्रोध करने वाले को क्षमा कर दें।

विशेष :

- इस पद में बताया गया है कि जिस भी मनुष्य के हृदय में वास्तव में ईश्वर का वास होता है वह मनुष्य किसी भी प्राणी से भेद (अन्तर) नहीं करता और मीठी वाणी बोलता है।
- इस पद में यह भी दर्शाया गया है कि ब्रह्म की अनुभूति वन में भटकने से नहीं बल्कि हृदय को शुद्ध करने से होती है।

हिन्दू ध्यावै देहुरा मुसलमान मसीत।
जोगी ध्यावै परमपद जहाँ देहुरा न मसीत॥

शब्दार्थ : ध्यावै—ध्यान करना, मसीत—मसजिद, परमपद—प्रेमयुक्त पद।

व्याख्या : इस पद में कवि योगी के महत्त्व को दर्शाते हुए बता रहे हैं कि हिन्दू देवालयों (मन्दिरों) में ईश्वर का ध्यान करते हैं, मूर्ति-पूजा करते हैं। अपने देवताओं को चढ़ावा चढ़ाते हैं। मुसलमान इसी प्रकार से मसजिद में जाते हैं, अपने ख़ुदा एवं अल्लाह के दर पर नमाज़ पढ़ते हैं। परन्तु योगी परमपद का ध्यान करते हैं अर्थात् ईश्वर के नाममात्र का ध्यान करते हैं। बस उसके नाम का ही स्मरण करते हैं। वे ऐसे परमात्मा का ध्यान करते हैं, जहाँ न तो देवालय (मन्दिर) है न मसजिद है। मात्र एक ईश्वर का स्मरण है। इस प्रकार से कवि यहाँ यह दर्शाना चाहते हैं कि ईश्वर या अल्लाह के दर्शन न तो मन्दिर में जाकर ध्यान करने से होते हैं और न ही मसजिद में ध्यान करने से। ईश्वर तो प्रत्येक परमपद अर्थात् कण-कण में शब्द-शब्द में विद्यमान है। क्योंकि संसार की सृष्टि ईश्वर ने ही की है, इसलिए वह सर्वत्र विद्यमान है।

विशेष :

- इस पद में बताया गया है कि ईश्वर के दर्शन मन्दिर-मसजिद में ध्यान करने से नहीं होते हैं बल्कि मन को शुद्ध करने से ईश्वर मिलता है।
- इस पद में परमात्मा के स्मरण को महत्त्व दिया गया है।

हिन्दू आषै अलष कौ, तहाँ राम अछैं न षुदाइ।
प्यंडे होइ तौ मरै न कोई, ब्रह्मंडे देषै सब लोई॥

शब्दार्थ : अलष—परमेश्वर, तहाँ—सामान्यत:, होइ—होना, कोई—अज्ञात, ब्रह्मंडे—सम्पूर्ण विश्व, सब—संख्या की दृष्टि से हर एक, लोई—एक प्रकार का हल्का ऊनी कम्बल।

व्याख्या : कवि कहते हैं कि पौराणिक काल से ही यह कथा प्रचलित है कि हिन्दू कहते हैं ईश्वर का वास्तविक रूप राम है और मुसलमान कहते हैं कि ईश्वर का वास्तविक रूप खुदा है। ये दोनों ईश्वर के वास्तविक रूप को सिद्ध करने में आज भी लगे हुए हैं, अर्थात् हिन्दू कहते हैं कि राम ही सर्वश्रेष्ठ ईश्वर हैं और कोई नहीं। वहीं मुसलमान कहते हैं, संसार के कर्ता-धर्ता खुदा हैं, दोनों अपने-अपने धर्म को लेकर अपने-अपने परमात्मा की सिद्धि करते आए हैं, परन्तु कोई सिद्ध नहीं कर पाया कि कौन सर्वश्रेष्ठ है—राम या खुदा!

किन्तु एक सच्चा योगी अलक्ष्य परम ब्रह्म का ध्यान करता है, जो राम और खुदा से परे है। वहाँ न तो राम है और न ही खुदा है अर्थात् सच्चे योगी न राम को सर्वश्रेष्ठ मानते हैं और न ही खुदा को। वह तो अलक्ष्य ब्रह्म की राह चलते हैं। 'मैं' और 'पर' की भावना से स्वयं को परे रखते हैं और अपने संघर्षरूपी जीवन को बड़ी शालीनता के साथ जीते हैं।

विशेष :

- इस पद में बताया गया है कि पौराणिक काल से ही हिन्दुओं के लिए राम और मुसलमानों के लिए खुदा ही सर्वश्रेष्ठ बने हुए हैं।
- जो सच्चे योगी होते हैं वे परम ब्रह्म की राह चलते हैं, जो राम और खुदा दोनों से परे है।

गोरष कहै सुणहुरे अवधू जग मैं ऐसें रहणां।
आंषै देषिबा कांनै सुणिबा मुष थैं कछू न कहणां॥

शब्दार्थ : जग—विश्व, रहणां—रहना, अवधू—तिरस्कृत, आंषै—आँखों से, देषिबा—देखना, कांनै—कानों से, सुणिबा—सुनना, मुष—मुख।

व्याख्या : इस पद में स्वयं योगी गोरखनाथ योगियों के लिए उपदेश देते हुए कहते हैं कि इस दुनिया में तमाशबीन की तरह रहना चाहिए। साक्षी बनकर रहना चाहिए, उसमें लिप्त नहीं होना चाहिए। आगे कहते हैं, योगी अपनी आँखों से सब काम को देखता रहे, कानों से सबकी बातें सुनता रहे, अर्थात् देखता-सुनता तो सब रहे परन्तु स्वयं कुछ बोले नहीं। अन्त में गोरखनाथ योगियों को सम्बोधित करते हुए कहते हैं कि आप उस प्रपंच में न पड़ें अर्थात् ऐसे प्रपंचों से दूरी बनाए रखें और इन सांसारिक मोह-माया के बन्धनों से स्वयं को दूर रखें। धर्म के आडम्बरों और पाखंडों से स्वयं को दूर रखें।

विशेष :

- इस पद में योगी गोरखनाथ ने योगियों को उपदेश दिया है कि योगियों को तमाशबीन बनकर रहना चाहिए और किसी प्रपंच में नहीं पड़ना चाहिए।

नाथ कहै तुम आपा राषौ, हठ करि बाद न करणां।
यहु जुग है काँटे की बाड़ी, देषि देषि पग धरणां॥

शब्दार्थ : नाथ—स्वामी/गोरखपंथी साधुओं की एक उपाधि, कहै—कहना, आपा—आत्मा, हठ—जिद/बल प्रयोग, यहु—यह, जुग—संसार, बाड़ी—खेत, देषि देषि—देख-देखकर, पग—कदम, धरणां—रखना।

व्याख्या : गोरखनाथ का उपदेश है कि तुम अपने आपा (आत्मा) की रक्षा स्वयं करो, अर्थात् मनुष्य धरती पर अकेला ही आया था और अकेला ही जाता है। उसे अपने लिए रास्ते भी स्वयं ही बनाने होंगे। चाहे कितनी भी बड़ी मुसीबत क्यों न हो उसे स्वयं ही खत्म करना होगा, अपनी रक्षा भी उसे स्वयं ही करनी होगी। उसकी रक्षा करने कोई नहीं आएगा। मनुष्य को स्वयं ही अपने लिए सबल बनना होगा। वे कहते हैं कि हठपूर्वक धर्मों के आडम्बरों और खंडन-मंडन में न पड़ो। यहाँ आडम्बरों से दूरी बनाए रखने की बात गोरख कर रहे हैं। आगे संसार की तुलना काँटे के खेत से करते हुए कहते हैं कि यह संसार काँटे के खेत की तरह है, जिसमें पग-पग पर काँटे चुभने का डर है, अर्थात् जीवन संघर्ष से भरा यहाँ कोई रास्ता आसान नहीं है। हर रास्ते में कोई न कोई मुसीबत सामने आ जाती है। इसलिए मनुष्य को सोच-समझकर कदम रखने चाहिए। तात्पर्य यह है कि कोई भी निर्णय सोच-समझकर करना चाहिए, किसी के बहकावे में आकर और जल्दी में नहीं करना चाहिए अन्यथा भरपाई उसी मनुष्य को करनी पड़ेगी।

विशेष :

- इस पद में गोरखनाथ जी ने उपदेश दिया है कि मनुष्य को अपनी रक्षा स्वयं करनी चाहिए। साथ ही व्यक्ति के लिए आत्मनिर्भरता को महत्त्व दिया गया है।

निहचल घरि बैसिबा पवन निरोधिबा कदे न होइगा रोगी।
बरस दिन में तीनि बर काया पलटिबा नाग बंग बनासपती जोगी ॥

शब्दार्थ : निहचल—निश्चल, घरि—घर, बैसिबा—बैठना, कदे—कभी, बरस—वर्ष, तीनि—तीन, काया—शरीर/देह।

व्याख्या : योगी या साधक को निश्चल रूप से अर्थात् बिना इधर-उधर भटके एक स्थान पर टिककर रहना चाहिए। अपने मन को स्थिर कर रहना चाहिए, अर्थात् साधक को किसी वन में भटकने की आवश्यकता नहीं है। यहाँ कहने का तात्पर्य यह है कि योगियों को मन पर सवारी करनी चाहिए, मन को स्वयं पर सवार नहीं होने देना चाहिए। आगे गोरख कहते हैं कि ऐसा करने से साधक कभी रोगी नहीं होगा और वह हर प्रकार के रोग से मुक्त रहता है। ऐसा इसलिए कहा गया है क्योंकि ज्यादातर रोग मन की चिन्ता से ही उत्पन्न होते हैं, परन्तु साथ ही नाग (सीसे का भस्म), बंग (टिन का भस्म) और वनस्पति के प्रयोग से वर्ष-भर में तीन बार कायाकल्प करना चाहिए। इन तीन विधियों का पालन करना चाहिए और अपने बाह्य रूप की जगह वास्तविक रूप और सच को देखना चाहिए और काया पलटनी चाहिए।

विशेष :

- इस पद में बताया गया है कि साधक योगी को निश्चल रूप से स्थिर होकर एक स्थान पर रहना चाहिए। मनुष्य के ज्यादातर रोगों के कारण मानसिक होते हैं, इसलिए चिन्तामुक्त रहना चाहिए।

भिष्या हमारी कामधेनि बोलिए, संसार हमारी बाड़ी।
गुर परसादै भिष्या षाइबा अंतिकालि न होइगी भारी॥

शब्दार्थ : भिष्या—भिक्षा, कामधेनि—कामधेनु (स्वर्ग की गाय—सभी कामनाओं को पूरा करने वाली), बाड़ी—खेती, गुर—गुरु, परसादै—प्रसादस्वरूप, अंतिकालि—अन्तकाल।

व्याख्या : इस पद में बताया गया है कि भिक्षा योगियों की कामधेनु है, मात्र भिक्षा से ही उनकी सारी आवश्यकताएँ पूर्ण हो जाती हैं। (भिक्षा को योगी के लिए स्वर्ग की कामधेनु गाय जो सभी कामनाओं को पूरा करती है, के समान माना है) और उसी भिक्षा से उनकी पूर्ण तृप्ति हो जाती है। पूरा संसार उनकी खेती है, क्योंकि घर-घर उनके लिए भिक्षा का केन्द्र होता है, अत: विश्व-भर में उनकी खेती है। वह किसी एक जगह या घर से नहीं बँधे होते हैं, उनको तो अनेकों घरों से भिक्षा प्राप्त होती है। किन्तु भिक्षा भी योगियों द्वारा निमित्त रूप से ही माँगी जाती है, अन्यथा वह भी माँगने-खाने के पाखंडों में शामिल हो जाएगा। योगी तो सादा जीवन व्यतीत करते हैं और भिक्षा में जो पाते हैं उसे भी गुरु को ही अर्पण कर देते हैं। उसके बाद गुरु द्वारा जो प्रसादस्वरूप मिलता है, उसे ग्रहण करते हैं, अर्थात् ऐसे भिक्षा-भोजन को करने से अन्तकाल अर्थात् मृत्यु आने पर भी कर्मों का बोझ नहीं सता पाएगा। सहज ही मुक्ति सम्भव हो सकेगी।

विशेष :

- इस पद में योगी द्वारा ली गई 'भिक्षा' को 'कामधेनु' के समान

माना गया है, जहाँ योगियों की पूर्ण तृप्ति भिक्षा से ही होती है।

- योगी भिक्षा में मिली किसी भी चीज को प्रसादस्वरूप ही अपने गुरुओं द्वारा दिए जाने पर ग्रहण करते हैं। यहाँ दर्शाया गया है कि योगी सादा और अनुशासित जीवन व्यतीत करते हैं।

बड़े बड़े कूले मोटे मोटे पेट, नहीं रे पूता गुरु सौं भेंट।
षड़ षड़ काया निरमल नेत, भई रे पूता गुरु सौं भेंट॥

शब्दार्थ : कूले—कूल्हे, पेट—तोंद, नेत—डोरी।

व्याख्या : इस पद में बताया गया है कि जीवन में गुरु का बहुत अधिक महत्त्व है। गुरु के दर्शन के बाद साधक किस तरह दीखता है; उसकी स्थिति क्या होती है आदि। कवि कहता है कि जिनके बड़े-बड़े कूल्हे और मोटी तोंद होती है और उन्हें योग की कोई भी तरकीब नहीं आती तो समझ लेना चाहिए कि गुरु से भेंट नहीं हुई है या फिर उन्हें अच्छा गुरु मिला ही नहीं है अथवा साधक गुरु के दर्शन के बाद भी उसकी वास्तविकता को नहीं पहचाना है अर्थात् वह नहीं जान पाया है कि इन मोह-माया के बंधनों से मात्र एक गुरु ही मुक्त करवा सकता है; और गुरु की शिक्षा बगैर कोई लाभ भी नहीं उठा सकता; उसके (गुरु के) अधिकारी भी नहीं हुए, और यदि साधक का शरीर खड़-खड़; तोंद मोटी नहीं होती है अथवा उसके नेत्र निर्मल और कांतिमय अर्थात् आँखों में कीमती हीरों के समान चमक होती है तो इसका मतलब उस साधक की परमात्मा रूपी गुरु से भेंट हो गई है। नेत्र ही मंथन की डोरी हैं, इसी से नेति क्रिया का नाम बना है; इस क्रिया में नासारंध्रों में डोरी का उपयोग होता है; इसलिए साहचर्य से नासारंध्र का अर्थ भी सिद्ध होता है; नेत्र और आँख।

विशेष :

- इस पद में बताया गया है कि जब गुरु रूपी परमात्मा के दर्शन

साधक को होते हैं तो उसके शरीर की आकृति और उसके हाव-भाव ही इस बात को सिद्ध करते हैं कि उसे गुरु के दर्शन हो चुके हैं या नहीं।

- इस पद में गुरु के महत्त्व को दर्शाया गया है।

कहणि सुहेली रहणि दुहेली कहणि रहणि बिन थोथी।
पढ्या गुन्या सूबा बिलाई षाया पंडित के हाथि रह गई पोथी॥

शब्दार्थ : कहणि—कहना, सुहेली—आसान, रहणि—रहना, दुहेली—के अनुसार, थोथी—खोखला, सूबा—तोता।

व्याख्या : इस पद में कथनी और करनी में अन्तर को दर्शाया गया है। कहना आसान होता है किन्तु उस कहने के अनुसार, रहना कठिन और बिना रहनी के कहना किसी काम का नहीं, ये खोखला या छूँछा है अर्थात् यहाँ यह बताया जा रहा है कि जो बहुत बड़ी-बड़ी बातें करते हैं, परन्तु अपनी ही बातों पर खरे नहीं उतरते, वे साधक खोखले होते हैं उनकी सारी बातें खोखलापन लिये हुए होती हैं, उनकी बातों पर विश्वास करना कठिन हो जाता है। आगे ऐसे साधकों की तुलना तोते से करते हुए नाथ कहते हैं कि—तोता पढ़-गुनकर कुछ शब्दों को केवल दुहराना-भर सीख सकता है, उनके अनुसार काम नहीं कर सकता, उनका अर्थ नहीं समझा सकता। इसी प्रकार जो साधक बड़ी-बड़ी बातें बोलते हैं और उसे न समझते, न पूरा करते हैं वह भी इसी तोते के समान हैं। ऐसे ही अनुभवहीन पढ़े-गुने पंडित के हाथ में भी केवल पोथी रह जाती है ज्ञान नहीं, सारवस्तु ऐसे पंडितों के हाथ नहीं आती और परिणामत: वह सब काल के ग्रास हो जाते हैं अर्थात् उनका अन्त हो जाता है और अपने अन्त का कारण स्वयं ही बनते हैं।

विशेष :

- इस पद में पंडितों की कथनी और करनी में फर्क करते हुए, जो कथनी के अनुसार कार्य नहीं करते उनकी मृत्यु निश्चित होती है, वह काल के गाल में चलते चले जाते हैं, इस तथ्य को दर्शाया गया है।
- यहाँ अनुभवहीन पढ़े-गुने पंडितों की तुलना तोते से की गई है।

मुरिष सभा न बैसिबा अवधू पंडित सौ न करिब बादं।
राजा संग्रामे झूझ न करबा हेलै न षोइबा नादं॥

शब्दार्थ : बैसिबा—बैठना, अवधू—अवधूत, बादं—शास्त्रार्थ, संग्रामे—लड़ाई।

व्याख्या : इस पद में अवधूत को सम्बोधित करते हुए उसे बताया जा रहा है कि—हे अवधूत! मूर्ख पंडितों की सभा में नहीं बैठना चाहिए अर्थात् मूर्खों के साथ नहीं रहना चाहिए, ऐसे पंडितों से शास्त्रार्थ नहीं करना चाहिए क्योंकि उसका ज्ञान गर्व दूसरे प्रकार की मूर्खता है, वास्तविक ज्ञान तो उसे होता ही नहीं है।

अतएव ऐसे में शास्त्रार्थ में पड़ना व्यर्थ समय को नष्ट करना है अर्थात् कहने का मतलब यह है कि जिसे स्वयं ही शास्त्रार्थ का ज्ञान नहीं वह अन्य को क्या शास्त्रार्थ का ज्ञान देगा। वह खुद मूर्ख है, औरों को भी मूर्ख बनाएगा।

राजा से लड़ाई नहीं लड़नी चाहिए क्योंकि राजा उस क्षेत्र में शूर नहीं है जिस क्षेत्र में साधक को शूर होना चाहिए। राजा के पास बाहुबल है किन्तु साधक के पास आत्मबल होना चाहिए। इसलिए दोनों में स्पर्धा का भाव हो ही नहीं सकता अर्थात् यहाँ यह दर्शाया गया है कि किसी भी क्षेत्र के राजा को बाहुबल और साधक को आत्मबल से कमजोर नहीं होना चाहिए। अगर ऐसा हुआ तो स्पर्धा का भाव समाप्त होने लगेगा। अत: लापरवाही से नाद को खोना नहीं चाहिए।

विशेष :

- पद में बताया गया है कि अवधूत को मूर्खों की सभा में नहीं बैठना चाहिए। इस पद में यह भी दर्शाया गया है कि व्यर्थ ही मूर्ख पंडितों के साथ शास्त्रार्थ में नहीं पड़ना चाहिए।
- इस पद में समय को महत्त्व देने पर बल दिया गया है।

पेट की अगनि बिवरजित दिष्टि को अगनि षाया।
ग्यांन गुरु का आगै ही होता पणि विरलै अवधू पाया॥

शब्दार्थ : अगनि—अग्नि, बिवरजित—रोकना, पणि—परन्तु।

व्याख्या : कवि कहते हैं कि मैंने पेट की आग (जठराग्नि) से भोजन खाना छोड़कर आँख से खाना प्रारम्भ कर दिया है अर्थात् अपने ज्ञान की दृष्टि के द्वारा माया का भक्षण किया है। साथ ही मैंने संसार के भोग-विलास एवं भौतिक सुखों का त्याग कर दिया है। यद्यपि गुरु का ज्ञान व्यक्ति में पहले से ही मौजूद था, परन्तु यह भी एक सत्य है कि बहुत कम लोग ही इसे प्राप्त कर पाते हैं। परब्रह्म को प्राप्त करने के लिए हमें निष्काम रहना चाहिए।

विशेष :

- गुरु ज्ञान का महत्त्व बताया गया है। योग द्वारा ही मन को वश में किया जा सकता है।

अवधू बुझना ते भूलना नहीं अनबूझ मग हारै।
सूंने जंगल भटकत फिरहीं, मारि लिहीं बटमारै॥

शब्दार्थ : बुझना—समझ लेना, मग—रास्ता, बटमारै—ठग।

व्याख्या : जिसने गुरु शिक्षा को समझा है अर्थात् जिसने गुरु की शिक्षा ली है, उसे ग्रहण किया है, वह उसे नहीं भूलता, किन्तु जो समझते नहीं वह मार्ग भूल जाते हैं, और सूने जंगल में भटकते फिरते हैं और वहाँ उन्हें ठग मार डालते हैं। अहंकारी अपने अहंकार से भरा होता है, इसलिए गुरु मंत्र लेने की इच्छा से गुरु की खोज नहीं करता। किन्तु जो गुरु की खोज करता है वह नया जीवन प्राप्त करता है, वह अमर हो जाता है। जबकि अहंकारी का शरीर नष्ट हो जाता है।

विशेष :

- शिक्षित और अशिक्षित में अन्तर बताते हुए गुरु ज्ञान का महत्त्व बताया गया है।
- अहंकारी व्यक्ति कभी शिक्षा ग्रहण नहीं कर सकता। संयम रखनेवाला, सत्य वचन बोलने वाला ही सत्पुरुष होता है।

यंद्री का लड़बड़ा जिभ्या का फूहड़ा। गोरष कहै ते पर्तषि चूहड़ा॥
काछ का जती मुष का सती। सो सत पुरुष उंतमो कथी॥

शब्दार्थ : यंद्री—इंद्रिय, लड़बड़ा—अस्थिर, जिभ्या—जीभ, पर्तषि—प्रत्यक्ष, चूहड़ा—भंगी, काछ—लँगोट, मुष—मुख, सती—सच्चा, उंतमो—उत्तम, कथी—कहा गया।

व्याख्या : इस पद में कहते हैं कि जो व्यक्ति अपनी इन्द्रियों विशेषकर जननेन्द्रिय के सम्बन्ध में स्वयं को अनुशासित या नियंत्रित नहीं रखते, जो अपने मुख से खराब, बुरी अथवा अश्लील बातें करते हैं, वह नीच प्रवृत्ति के व्यक्ति होते हैं। जो अपनी कामवासना को नियंत्रित कर लेते हैं अर्थात् लँगोट के पक्के होते हैं तथा मुख से सच्ची बातें करते हैं, वही व्यक्ति महान कहलाते हैं।

विशेष :

- सच्चे साधक के लक्षणों को बताया गया है। जिसका अपनी इन्द्रियों पर नियंत्रण है, वही सत्पुरुष कहलाता है।

अवधू मन चंगा तो कठौती ही गंगा। बांध्या मेल्हा तौ जगत्र चेला॥
बदंत गोरष सति सरूप। तत बिचारैं ते रेष न रूप॥

शब्दार्थ : कठौती—लकड़ी की थाली, सति—सत्य, रेष—रेखा।

व्याख्या : हे अवधूत! अगर मन चंगा अर्थात् शुद्ध है तो कठौती में ही गंगा है अर्थात् जहाँ चाहे वहाँ गंगा विद्यमान है। हे संन्यासी! अगर मन शुद्ध है तो लकड़ी के पात्र में रखा जल ही गंगाजल के समान पवित्र करने वाला है, क्योंकि गंगाजल स्नान से जो फल बताए गए हैं वे मन की शुद्धता से स्वयं प्राप्त हो जाते हैं। यदि माया के बंधन पड़े हुए मन को मुक्त कर दिया तो सारा जगत् चेला हो जाएगा। गोरखनाथ सत्य स्वरूप का वर्णन करते हुए कहते हैं कि जो उस तत्त्व का विचार करेंगे, वे स्वयं किसी रूप या रेखा से रहित हो जाएँगे।

विशेष :

- ईश्वर के सत्य स्वरूप का वर्णन किया गया है, साथ ही मन की शुद्धता को भी जरूरी कहा गया है, ऐसा करने से जन्म-मरण के भय से मुक्ति सम्भव है।

सीषि साषि बिसाह्या बुरा। सुपिनै मैं धन पाया पड़ा।
परषि परषि लै आगैं धरा। नाथ कहै पूता षोटा न षरा॥

शब्दार्थ : सीषि—सीखकर, सुपिनै—स्वप्न।

व्याख्या : गोरखनाथ के अनुसार केवल पढ़ने-लिखने से कुछ नहीं होता, क्योंकि किसी तरह सीख-साख कर, बुराई करके स्वप्न देखने वाला व्यक्ति सपने में धन तो बटोर लेता है, किन्तु क्या वह धन वास्तविकता में काम आएगा, क्योंकि सपना टूटने के बाद कुछ नहीं रहेगा। गोरखनाथ जी कहते हैं कि हे पुत्र! यह धन न तो खोटा अथवा बेकार है और न ही खरा या उपयोगी।

विशेष :

- इस पद में गलत तरीके से संचित किए गए धन की निरर्थकता बताई गईं है।

पढ़ि देखि पंडिता ब्रह्म गियांनं। मूवां मुकति बैकुंठा थांनं।
गाड्या जाल्या चौरासी मैं जाइ, सति सति भाषंत (श्री) गोरषराइ॥

शब्दार्थ : मूवां—मृत्यु, मुकति—मुक्ति, जाल्या—जलाना॥

शब्दार्थ : गोरखनाथ जी कहते हैं कि हे मनुष्य! ब्रह्मज्ञान का चिन्तन, मनन तथा अध्ययन करो। ब्रह्मज्ञान ही परम सत्य है, बाकी सब मिथ्या है। परम ब्रह्म का ज्ञान प्राप्त होने के बाद ही मृत्यु के पश्चात् बैकुंठ धाम तथा विष्णु लोक में स्थान प्राप्त होगा। गोरखनाथ जी बिलकुल सत्य कहते हैं कि ब्रह्मज्ञान के बिना केवल चिता की भाँति जलना होगा, साथ ही चौरासी लाख योनि के चक्कर में भी भटकना पड़ेगा। जीवन-मरण से मुक्ति सम्भव नहीं होगी, जन्म-जन्मान्तर तक कष्ट और अनेकानेक दुख झेलने पड़ेंगे।

विशेष :

- ब्रह्मज्ञान से ही मुक्ति सम्भव है, यह स्पष्ट किया गया है।

दाबि न मारिबा वाली न राषिबा जानिबा अगनि का येवम।
बूढ़ी ही थे गुरबानी होइगी सति सति भाषंत श्री गोरष देवम ।।

शब्दार्थ : दाबि—दबाना, मारिबा—मारना, बूढ़ी—माया के सन्दर्भ में।

व्याख्या : इस पद में गोरखनाथ कहते हैं कि मन को दबाकर, मारकर या उसे कुचलकर नहीं रखना चाहिए। उनका कहना है कि अग्नि जिसमें ब्रह्माग्नि और योगाग्नि दोनों शामिल हैं, उस अग्नि का रहस्य जानना चाहिए। वे कहते हैं, ऐसा करने से बूढ़ी माया जो आदि काल से चली आ रही है, वह पुराण की संगिनी जो सामान्यतः बंधन में डालने वाली होती है, वही मुक्त करने वाली गुरुवाणी (शिक्षिका) हो जाएगी। यह गोरख देव का सत्य वचन है, माया का द्वैध (दो) स्वरूप जीव व जीवन को वश में करके अपने बंधन में डाल लेती है। अपने में बाँध लेती है और विद्या के रूप में मोक्षदायिनी के रूप में वह मोक्ष भी प्रदान करती है।

विशेष :

- इस पद में मन को न दबाने की बात कही गई है तथा विद्या को मोक्ष प्राप्ति का साधन बताया है।

नाद नाद सब कोइ कहै, नादहिं ले को बिरला रहै।
नाद बिंद है फिकीसिला, जिहिं साध्या ते सिधै मिला॥

शब्दार्थ : नाद—वाणी, फिकीसिला—स्फटिक शिला/पत्थर, बिंद—वीर्य।

व्याख्या : गोरखनाथ जी कहते हैं, मुख से तो नाद–नाद कहने वाले बहुत सारे लोग हैं। ऐसे बहुत से लोग हैं जो सारा दिन नाद-नाद करते रहते हैं परन्तु उस नाद में पूरी तरह लीन विरले कोई ही होता है। वे कहते हैं, जिसने अपनी भक्ति से नाद (वाणी) को साध लिया, वह सिद्धावस्था को प्राप्त हो जाता है। उसे मोक्ष शान्ति मिल जाती है, वह सिद्धावस्था में पूर्णतः लीन हो जाता है।

विशेष :

- वाणी को साधने से सिद्धावस्था की प्राप्ति की जा सकती है, भक्ति को मोक्ष का माध्यम बताया गया है।
- पद्यांश में कहा गया है कि बहुत लोग मुख से ब्रह्म की बातें करते हैं, परन्तु उस ब्रह्मज्ञान को बहुत कम लोग जान पाते हैं।

अवधू यो मन जात है याही तै सब जांणि।
मन मकड़ी का ताग ज्यूँ उलटि अपूठौ आंणि॥

शब्दार्थ : जात है—जाता है, जांणि—जान लो, ताग—धागा।

व्याख्या : गोरखनाथ कहते हैं, अवधूत तुम्हारा मन भागा जा रहा है अपने इस मन को थाम लो, इस मन को अपने वश में कर लो। इसे वश में करना बहुत आवश्यक है क्योंकि इसी मन से सभी कामनाओं की उत्पत्ति होती है। तुम्हारा (अवधूत) यह जानना आवश्यक है कि मन पर संयम रखना बहुत आवश्यक है। गोरखनाथ कहते हैं कि जिस प्रकार एक मकड़ी जाल बुनती है, एक-एक तार को बुनती जाती है, किन्तु वह नहीं उलझती, वह बिना फँसे वापस आ जाती है। उसी प्रकार तुम भी अपने मन को वापस लाओ, अपने मन को उलटा कर लो, उसे वापस मोड़ लो।

विशेष :

- मन को वश में करने की बात कही गई है।
- मन की तुलना मकड़ी के जाल से की गई है, क्योंकि मन में उलझाव बहुत होता है।

जे आसा तो आपदा के संसा तो सोग।
गर मुषि बिना न भाजसी (गोरष) ये दून्यों बड़ रोग।।

शब्दार्थ : आसा—आशा, आपदा—संकट, संसा—संशय, भाजसी—भागते हैं।

व्याख्या : गोरखनाथ जी कहते हैं, जो मनुष्य आशा रखते हैं, जो आशा के सहारे रहते हैं, उन्हें जीवन में आपत्ति का सामना करना पड़ता है, आपत्ति को झेलना पड़ता है। जो व्यक्ति सन्देह करते हैं, सन्देह के सहारे रहते हैं, उन्हें अपने जीवन में शोक और दु:ख का सामना करना पड़ता है। वे कहते हैं कि यह दोनों (आशा और संशय) ऐसे बड़े रोग हैं जो व्यक्ति को कमजोर और दुखी कर देते हैं। इन रोगों से तभी निवारण प्राप्त किया जा सकता है, जब गुरु की शिक्षा प्राप्त की जाए, अर्थात् गुरु के मुख से शिक्षा प्राप्त किए बिना इन रोगों का निवारण सम्भव नहीं है।

विशेष :

- आशा और सन्देह को रोग की संज्ञा दी गई है, गुरु शिक्षा का महत्त्व बताया गया है।
- यह सत्य है कि जो किसी से आशा करते हैं, अर्थात् किसी से उम्मीद रखते हैं, उन्हें कष्ट झेलना पड़ता है। जो किसी पर शक या सन्देह करते हैं उन्हें भी दु:ख झेलना पड़ता है। आशा तथा सन्देह दोनों ऐसे रोग हैं जिन्हें बिना गुरु ज्ञान के दूर करना सम्भव नहीं है।

ऊजल मीन सदा रहै जल में सूकर सदा मलीना।
आतम ग्यांन दया बिणि कछु नाहीं कहा भयौ तन षीणा॥

शब्दार्थ : ऊजल—स्वच्छ, मलीना—अस्वच्छ, सूकर—सूअर, आतम ग्यांन—आत्मज्ञान।

व्याख्या : गोरखनाथ जी कहते हैं कि मनुष्य में यदि विचार शक्ति है और वह ब्रह्म तत्त्व को प्राप्त करना चाहता है तो उसे सर्वप्रथम अपने शरीर में गोता लगाना होगा। अर्थात् आत्मज्ञान को प्राप्त करने के लिए उसे आत्म-अध्ययन करना होगा क्योंकि समस्त ज्ञान इसी शरीर में व्याप्त है। मछली सदा ही स्वच्छ जल में रहती है, सूअर गंदगी और कीचड़ आदि में ही सुख पाता है इसलिए मलिन या गंदा रहता है। ये दोनों का अपना-अपना स्वभाव है। इसी प्रकार योगी का शरीर शोधन और बाहरी आत्मज्ञान किसी काम का नहीं यदि उसने अन्त:स्थल में प्रवेश कर उसे करुणामयी नहीं बना दिया है। यदि कठिन तप से शरीर क्षीण हो गया है और आत्मज्ञान प्राप्त नहीं हुआ है तब भी वह शरीर किसी काम का नहीं। अर्थात् ब्रह्म तत्त्व की प्राप्ति का एकमात्र मार्ग आत्म-अध्ययन करके आत्मज्ञान प्राप्त करना है।

विशेष :

- गोरखनाथ जी ने आत्मज्ञान के महत्त्व को प्रतिपादित किया है। मानव शरीर की शुद्धि और उपयोगिता ब्रह्म तत्त्व में ही निहित है।
- कबीर की भाँति गोरखनाथ जी ने भी ब्रह्म तत्त्व को और आत्मज्ञान को अधिक महत्त्व दिया है।

धोतरा ना पीवो है अवधू भाँगि ना षावौ रे भाई।
गोरष कहै सुणो रे अवधू या काया होयगी पराई॥

शब्दार्थ : धोतरा—धतूरा, भाँगि—भाँग, काया—शरीर।

व्याख्या : गोरखनाथ जी कहते हैं कि हे मानव! धतूरा ना पियो, ना ही भाँग पियो। इनके सेवन से शरीर नष्ट हो जाता है। नशे का सेवन किसी भी प्रकार से हितकारी नहीं होता। नशा व्यक्ति को शारीरिक और मानसिक रूप से बीमार ही नहीं करता अपितु शरीर को नष्ट भी कर देता है। अत: इस नशे से हमेशा दूर रहो।

विशेष :

- गोरखनाथ ने ब्रह्मचर्य और नशे आदि से दूर रहने का सन्देश दिया है।

गिरही को ग्यान अमली को ध्यान। बूचा को कान बैश्या को मान॥
बैरागी अर माया स्यू हाथ। या पाँचा को एको साथ॥
गिरही होय करी कथै ग्यान। अमली होय करि धरै ध्यान॥
बैरागी होय करै आसा। नाथ कहै तीन्यो षाशा पाशा॥
रांड मुवा जति, धाये भोजन सती धन त्यागी। नाथ कहै ये तीन्यो अभागी॥

शब्दार्थ : गिरही—गृहस्थ, अमली—व्यसनी, मुवा—मृत्यु, धाये—दौड़कर।

व्याख्या : गोरखनाथ जी कहते हैं कि गृहस्थ के ज्ञान, व्यसनी के ध्यान, बूचा के कान, वेश्या के मान, वैरागी में माया और माया में लिप्त वैरागी का कोई महत्त्व नहीं है। गृहस्थ को ज्ञान नहीं होता, व्यसनी ध्यान नहीं कर सकता, बूचे का कान नहीं होता, वेश्या का मान नहीं होता और वैरागी माया से सम्बन्ध नहीं जोड़ सकता या माया से सम्बन्ध रखने वाला वैरागी नहीं बन सकता। इसलिए इन पाँचों का अस्तित्व नहीं होता है। तात्पर्य है गृहस्थ का ज्ञान पूर्ण नहीं हो पाता, व्यसनी उस परम तत्त्व का ध्यान नहीं कर पाता, वह सांसारिक व्यसनों में ही लगा रहता है। वेश्या किसी भी प्रकार से सम्मान अर्जित नहीं कर पाती। माया से लगाव रखने वाला कभी विरक्त नहीं हो पाता। जो व्यक्ति स्त्री की मृत्यु के बाद योगी बनता है, जो साधु भोजन के लिए ही साधु बनता है और जो धन नष्ट हो जाने पर त्यागी बनता है उसका कोई महत्त्व नहीं। वह अभागे हैं। ये सभी परमब्रह्म के ज्ञान को प्राप्त नहीं कर पाते। जो व्यक्ति अपनी विकलांगता अर्थात् किसी कमी के कारण वैराग्य प्राप्त कर लेता है उसका साथ छोड़ देना चाहिए क्योंकि वह सच्चा ज्ञान प्राप्त नहीं कर पाता।

विशेष :

- यहाँ गोरखनाथ जी ने साधुता के महत्त्व को प्रतिपादित किया है। ब्रह्म तत्त्व की प्राप्ति के लिए तरीके सुझाए हैं, साथ ही गृहस्थ जीवन के त्याग पर बल दिया है।

चापि भरै तो बासण फूटै बारै रहै तौ छीजै।
बसत घणेरी बासण वोछा कहो गुर क्या कीजै॥

शब्दार्थ : चापि—दबाकर, बाषण—बर्तन/पात्र।

व्याख्या : गोरखनाथ जी कहते हैं कि गुरु को अपने शिष्यगणों को इतना ही ज्ञान देना चाहिए जितना वे ग्रहण कर सकते हैं। यदि बर्तन में खूब दबा-दबा कर कोई वस्तु भरी जाए तो वह बर्तन फूट सकता है। ठीक उसी प्रकार यदि गुरु अपने शिष्य को अत्यधिक ज्ञान देता चला जाए, किन्तु शिष्य उसे ठीक से ग्रहण न कर पाए, ऐसे में वह गुरु द्वारा दिए गए सम्पूर्ण ज्ञान को त्यागते हुए साधना मार्ग से ही पलायन कर सकता है। वास्तव में इस प्रकार से दिये गए अतिरिक्त ज्ञान को शिष्य ग्रहण नहीं कर पाएगा। ठीक उसी प्रकार जिस प्रकार छोटे बर्तन में अधिक वस्तु भरने पर कुछ वस्तु बाहर गिरकर नष्ट हो जाती है। शिष्य अपने गुरु से प्रश्न करता है कि हे गुरुदेव! बर्तन छोटा है और वस्तु की मात्रा अधिक है अर्थात् मेरी ग्रहण क्षमता कम है और आपका ज्ञान विस्तृत है, तब इस समस्या के निवारण के लिए क्या किया जाए?

विशेष :

- इन पंक्तियों में कवि ने गुरु और शिष्य के सम्बन्धों को बताया है। गुरु को अपने शिष्य को किस प्रकार कितना ज्ञान देना चाहिए इसका वर्णन किया है।

अवधू सहजै लैणा सहजै दैणा, सहजै प्रीति ल्यौ लाई।
सहजै सहजै चलैगा रे अवधू, तौ बाषण करैगा समाई॥

शब्दार्थ : सहजै—सहज, बाषण—बर्तन।

व्याख्या : गोरखनाथ जी अपने शिष्यों को कहते हैं कि हे अवधूत! सहज रूप से ज्ञान प्राप्त करके उसे स्वाभाविक रूप से शिष्य को देना चाहिए। अर्थात् ज्ञान का लेन–देन सहज ढंग से होना चाहिए। उसमें जड़ता या बनावट नहीं होनी चाहिए। गुरु को अपने शिष्य की स्वाभाविक प्रवृत्ति तथा उसकी ग्रहण-क्षमता के अनुसार ही ज्ञान का उपदेश देना चाहिए। सहज स्वभाव से ही शिष्य के भीतर ज्ञान की प्रीति और लौ लग जाएगी। सहजता से यदि पात्र को भरा जाए तो धीरे-धीरे उसमें सब समाता चला जाएगा। अर्थात शिष्य स्वयं पात्रता अर्जित कर लेगा। तात्पर्य है कि शिष्य को सहज स्वाभाविक ज्ञान देना चाहिए, गुरु कृपा से समय के साथ वह स्वयं अत्यधिक ज्ञान ग्रहण करने लगेगा।

विशेष :

- गोरखनाथ जी ने योगी के लिए अनिवार्य तत्त्वों को बताया है। सच्चे योगी अथवा साधक के कर्तव्यों को बताया गया है।

संमी सांझै सोइबा मंझै जागिबा तृसंधि देणां पहरा।
तीनी पहर पर घट जाइबा तिहाँ छै काळ चा हेरा॥

शब्दार्थ : संमी—समक्ष, सामने, सोइबा—सोना, सो जाना, देणां—देना, पहरा देना, तिहाँ छै काल चा—तीनों काल का।

व्याख्या : गुरु गोरखनाथ कहते हैं कि तीन संधियों में पहरा देना चाहिए यानी दिन के तीनों पहरों में हमेशा एक योगी को निरंतर जागते रहना चाहिए। हमारे समक्ष देखने में वो शाम को सो जाते हैं परन्तु भीतर से जागते रहते हैं अर्थात् एक योगी जब योग की अवस्था में ध्यानमग्न हो ब्रह्म का जाप करता है तो उसकी बाहर की आत्मा सो जाती है, परन्तु अन्दर आत्मा जागती रहती है। इसी प्रकार तीनों काल की संध्यावस्था में पहरा देना चाहिए। रात्रि के तीनों पहरों के बीत जाने पर अर्थात् तीसरे पहर में काल दृष्टि घात लगाए रहती है, ब्रह्ममुहूर्त में भी अचेत होकर सोते रहने वाले को काल ग्रस लेता है। इसी से योगी ब्रह्ममुहूर्त में जागता रहता है।

विशेष :

- इस पद में प्रकृति के तीन काल का वर्णन हुआ है।
- योगी के योग की अवस्था को ब्रह्म का आनन्द कहा है।

अवधू जाप जपौ जपमाली चीन्हौं जाप जजप्यां फल होई।
अगम जाप जपीला गोरष चीन्हत बिरला कोई॥
कवल बदन काया करि कंचन चेतनि करौ जपमाली।
अनेक जनम नां पातिग छूटै जंपत गोरष चवाली॥
एक अवीरी एकंकाल जपीला सुंनि अस्थूल दोइ वांणी।
प्यंड ब्रह्मांड समि तुली व्यापीले एक आषिरी हम गुरुमुषि जांणीं॥

शब्दार्थ : अवधू—अवधूत/संन्यासी, जपमाली—जप करने की माला/जपने की क्रिया, चीन्हौं—पहचान कराना, अगम—न चलने वाला/दुर्गम/अथाह, जनम—जन्म से, कवल—कमल, जपीला—जप करने वाला।

व्याख्या : हे अवधूत, जपने वाली माला का जाप करो, जिससे ब्रह्म की अनुभूति का फल प्राप्त हो सके, अर्थात् ब्रह्म आनन्द की अनुभूति का फल तभी प्राप्त हो पाएगा जब तुम जप माला का जाप करोगे। जिस दुर्गम जप का जाप गोरखनाथ ने किया है उसे तो कोई बिरला ही जानता है।

विशेष :

- जाप के महत्त्व का प्रतिपादन हुआ है।

जहाँ जोग तहाँ रोग न ब्यापैं, ऐसा परषि गुर करना।
तन मन सूं जे परचा नांहीं, तौ काहे को पचि मरनां॥

शब्दार्थ : जोग—योग, परषि—परख करके, गुर—गुरू, परचा—परिचित, पचि—पीछे।

व्याख्या : जहाँ योगी को जोग मिले वहाँ किसी भी प्रकार का रोग नहीं होता, अर्थात् जहाँ योग है वहाँ रोग नहीं हो सकता। ऐसी परख करके गुरु बनना चाहिए कि योग की जगह रोग न हो जाए। यदि योगाभ्यास के द्वारा तन-मन से ब्रह्म का साक्षात्कार ना हुआ तो योगाभ्यास के द्वारा व्यर्थ का कष्ट क्यों झेला जाए? अर्थात् जहाँ शरीर में रोग होता है वहाँ परब्रह्म का योगाभ्यास ऐसे करना चाहिए कि वहाँ रोग व्याप्त न हो। तन-मन से जो योगाभ्यास करता हो उसे यदि परब्रह्म का परिचय नहीं हुआ तो उसे व्यर्थ ही कष्ट झेलना पड़ता है।

विशेष :

- योग के अभ्यास से ब्रह्म का परिचय होता है, तन-मन से योगाभ्यास करने से रोग नहीं होता।

तहाँ सत्य बीबी संतोष साहिजादा, षिमां भगति द्वै दाई।
आदिनाथ नाती मछिंद्र नाथ पूता, काया नगरी गोरष बसाई॥

शब्दार्थ : साहिजादा—शाहजादा, षिमां—क्षमा, भगति—भक्ति, पूता—पुत्र।

व्याख्या : गुरु गोरखनाथ बताते हैं कि जहाँ सत्य रूपी राजा की पत्नी है वहाँ संतोष नाम का राजकुमार है और क्षमा तथा भक्ति दो दाई हैं आदिनाथ के नाती-शिष्य और मछिंदरनाथ के पुत्र-शिष्य गोरखनाथ ने इस प्रकार यह काया रूप नगरी बसाई है अर्थात् गोरखनाथ ने सत्य, संतोष, क्षमा और भक्ति आदि को प्रतीक मानकर अपने शिष्यों को सत्य-काया-रूपी-नगरी को बताया है।

विशेष :

- सत्य, संतोष, क्षमा और भक्ति आदि को प्रतीक के रूप में वर्णित किया गया है। काया-रूपी-नगरी का बखान हुआ है।

राजा कै घरि सेल आछै, जंगल मधे बेल।
तेली कै घरि तेल आछै, तेल बेल सेल॥

शब्दार्थ : सेल—बरछा/भाला/बाण, बेल—कुदाली, तेली—तेल बनाने वाला व्यक्ति, घरि—घर।

व्याख्या : प्रस्तुत पद में माया अर्थात् धन के विषय में बताया गया है कि वह भिन्न-भिन्न व्यक्तियों के यहाँ पर अलग-अलग रूपों में पाई जाती है। एक राजा के घर में शस्त्र जैसे बाण, भाला आदि पाए जाते हैं, उसे हर समय भाले जैसे शस्त्र की आवश्यकता होती है। वह राजा के लिए बहुत महत्त्व रखता है। यह शस्त्र राजा के घर में माया रूप में विराजमान होता है। जंगल (खेत) में कुदाली का अपना अलग ही अस्तित्व अथवा पहचान होती है, जिसके अभाव में जंगल अथवा खेत में कुछ नहीं हो पाता, क्योंकि किसान को खेती करने के लिए सबसे पहले हाथ में कुदाल की आवश्यकता होती है। किसान भूमि में कुदाल के माध्यम से ही अन्न को उगाता है। इसे भी समाज में माया के समान महत्त्व दिया गया है। उसी प्रकार तेल बनाने वाले व्यक्ति के यहाँ तेल ही अति महत्त्वपूर्ण होता है, उसे भी वहाँ माया के समान स्थान दिया जाता है। अत: भाला, कुदाली और तेल तीनों विशेष सन्दर्भ में भिन्न-भिन्न व्यक्तियों के यहाँ अपना विशेष महत्त्व रखते हुए माया के रूप अर्थात् धन के ही भिन्न-भिन्न रूप में विराजमान होते हैं। यह तीनों सेल, बेल और तेल अर्थात् भाला, कुदाली एवं तेल एक समान हैं।

विशेष :

- माया अर्थात धन के विविध रूपों का वर्णन किया गया है, केवल सद्गुरु ही ऐसी माया के वास्तविक रूप का ज्ञान एवं विवेक प्रदान कर सकता है।

जागौ हो जोगी अध्यात्म लागौ जागतड़ा मूल महारौ म्हारा भाई रे।
अंदरि बैठी अपनौ साहिब, देषे सोधै सकल कमाई रे॥

दासी नै नारी अरू घर द्वारी, तुम्हें बेस्या न करम न कीज्यो रे।
विधवा नारी नौ संग करिस्यो, तौ रोमि रोमि नरक पड़ी स्यो रे॥

शब्दार्थ : अध्यात्म—ब्रह्म विचार, आत्मज्ञान, आत्मा का परमात्मा से सम्बन्ध, लागौ—लगना, जागतड़ा—जगतिक, म्हारा—हमारा, अपनौ—अपना, देषे—त्यागा, सकल—सब/समस्त, करम—कार्य, संग—मिलन, सोहबत।

व्याख्या : गोरख कहते हैं कि हे जोगी! (जो व्यक्ति सांसारिक मोह-माया को त्याग देता है) मेरे भाई तुम जागो अर्थात् सचेत हो जाओ और ब्रह्म विचार एवं आत्मज्ञान को प्राप्त करने में तल्लीन हो जाओ। उस ज्ञानरूपी धारा को समझो। हे मेरे भाई, इस जगत् की उत्पत्ति को पहचानो, समझो इसे भूलो मत। क्योंकि जगत् को समझने से ही मनुष्य ज्ञान प्राप्ति की ओर बढ़ता है और संसार को बनाने वाले ईश्वर का निवास प्रत्येक मनुष्य के भीतर होता है। वह ईश्वर रूपी परमात्मा मनुष्यरूपी आत्मा के सभी कार्यों की जाँच-परख करता रहता है, क्योंकि ईश्वर हर तरफ विद्यमान है, उसको अनदेखा नहीं किया जा सकता। अत: हे मेरे भाई जोगी, उस परमात्मा का ज्ञान प्राप्त करने एवं सृष्टि की उत्पत्ति को समझने के लिए तुम्हें चिन्तन-मनन करना अति आवश्यक है। योगी तुम्हें इस सांसारिक विलास को त्याग देना चाहिए, तभी आत्मज्ञान की प्राप्ति होगी।

तुम्हारे लिए दासी स्त्री एवं घर-बार का लोभ रखना वैसे ही है जैसे किसी स्त्री का वेश्या कर्म की ओर प्रवृत्त होना। यदि तुम विधवा स्त्री के सम्पर्क में रहोगे तो भी तुम्हारे शरीर का रोम-रोम नरक भोगेगा अर्थात् दुःख की प्राप्ति होगी। इस प्रकार जोगी को यहाँ उचित व सत्य मार्ग पर चलने का उपदेश देते हुए अध्यात्म की ओर बढ़ने को कहा गया है जिसमें समस्त जगत् के कल्याण का भाव समाया हुआ है।

विशेष :

- प्रस्तुत पद में आत्मा और परमात्मा के सम्बन्ध में अर्थात् ब्रह्म विचार के विषय में एक जोगी को उपदेश दिया गया है।

या रहनी मैं घर घर बासा, जोग जुगति कर पाया।
सिध समाधि पंच घर भेला, गोरष वहाँ समाया॥

शब्दार्थ : या रहनी—इस प्रकार, बासा—निवास करना, रहना, जोग—योग (ध्यान लगाना), समाधि—योग का चरम फल।

व्याख्या : प्रस्तुत पद में गोरखनाथ के विषय में बताया गया है कि उन्होंने ज्ञान को किस प्रकार प्राप्त किया है। वह कहते हैं कि मैंने स्त्री (माया) रहित जीवन बिताकर अपने आपको ज्ञानी बनाया है, अर्थात् उनका कहना है कि ब्रह्मज्ञान को पाने के लिए सांसारिक मोह-माया, भोग-विलासी जीवन को त्यागकर हमेशा स्त्री जाति से दूर रहकर, साधना के बल पर, चिन्तन-मनन कर, ध्यान एकाग्र कर परमात्मा को अपने भीतर पाया है। अपने आपको सांसारिक बंधनों से मुक्त रखकर अपनी पाँचों ज्ञानेंद्रियों पर विजय प्राप्त कर उन्हें ब्रह्मज्ञान की ओर अग्रसर किया है। इस कारण इस मायारूपी संसार में अज्ञानी और भोग-विलासी मनुष्य मेरे अस्तित्व (पहचान) को नहीं समझ पा रहे हैं कि गोरख कहाँ समा गया है।

विशेष :

- सिद्धि प्राप्ति के लिए साधक को जिन नियमों का पालन करना पड़ता है, उसका उल्लेख किया गया है।

बोलै नाथ गगन घर वासा, अंतरि बसीया जाई।
परम पुरस मैरै कागद मांड्या, दिन दिन कला सवाई॥

शब्दार्थ : गगन—आकाश, वासा—निवास, रहना, अंतरि—अन्दर, भीतर, पुरस—पुरुष, आदमी, कागद—कागज, मांड्या—लिखा हुआ, सवाई—बढ़ना, बढ़ोतरी होना।

व्याख्या : प्रस्तुत पद में जोगी पुरुष के बारे में बताया गया है कि इसे एक बार ज्ञान प्राप्त होने पर वह ज्ञान उत्तरोत्तर बढ़ता जाता है। गोरखनाथ कहते हैं कि आकाश रूपी घर में हमारा निवास है, यहाँ पर घर को आकाश (गगन) की उपमा देकर उसकी विशालता की ओर संकेत किया है। इसमें योगी पुरुष निवास करते हैं जो निवास-स्थान स्वयं योगी पुरुषों के भीतर पाया जाता है तथा उनका अन्तर्मन भी बहुत विशाल होता है। जहाँ पर इस जगत् के अनेकों विचार समाए हुए हैं। गोरखनाथ का कहना है कि हमारा श्रेष्ठ परम पुरुष रूप कागज के लेखों की भाँति है, इसे मिटाया नहीं जा सकता। जो अनंत काल तक सुरक्षित है। अतः हमारे ज्ञान, अध्यात्म एवं साधना की अनुभूति दिन-दिन वृद्धि कर रही है क्योंकि यहाँ पर ब्रह्मज्ञान या आत्मज्ञान की बात की गई है। वह लोकहित से जुड़ा है और लोकहित एवं लोक कल्याण से जुड़ा प्रत्येक पहलू सदैव वृद्धि करता है जिसे केवल भोग-विलास रहित परम ज्ञानी पुरुष ही प्राप्त कर सकते हैं।

विशेष :

- परम तत्त्व के विराट स्वरूप और अविनाशी रूप का वर्णन किया गया है।

गिरही के घरि जनम हमारा, संगति सुरति दिढ़ासी।
कहै नाथ जीव ब्रह्म एकै, जब सिव घरि सक्ति समानी॥

शब्दार्थ : गिरही—गृहस्थ, परिवार के साथ रहने वाला, संगति—साथ, सुरति—स्मरण, सुधि, दिढ़ासी—निश्चय, दृढ़ करना, सिव—शिव, सक्ति—शक्ति, दुर्गा, समानी—समा जाना, समावेश होना।

व्याख्या : गोरखनाथ कहते हैं कि जीव (आत्मा) का कहना है कि हमारा जन्म ऐसे घर में हुआ जहाँ पर सभी लोग मिलकर रहते हैं, अर्थात् पूरा परिवार रहता है। हमारी जो संगति जोगी (साधु) एवं महात्माओं की है, जिसमें हमने आध्यात्मिक मनोवृत्ति को ही आगे बढ़ाने का निश्चय किया है, अर्थात् हमारी संगति ऐसी है जहाँ पर सदैव ब्रह्मज्ञान की बातें होंगी। इसी प्रकार सृष्टि के निर्माता शिव और शक्ति के बारे में कहा गया और उनके मन की बात की गई है। शिव और शक्ति दोनों का पूरक सम्बन्ध है, एक-दूसरे के अभाव में किसी का अस्तित्व नहीं होता है, क्योंकि शक्ति के बिना शिव केवल 'शव' है और कुछ नहीं। अत: शक्ति के साथ जुड़ने पर ही दोनों का अस्तित्व है। इसलिए गोरखनाथ कहते हैं कि जब शिव और शक्ति एक-दूसरे में समा जाते हैं, साथ मिल जाते हैं तभी जीव अर्थात् आत्मा और परमात्मा का मिलन होता है, क्योंकि परमात्मा घट-घट में व्याप्त है, उसको केवल जोगी की भाँति अच्छी संगति व आध्यात्मिक मनोवृत्ति के माध्यम से अपने में एकाकार किया जा सकता है। जिस तरह जोगी अपनी इन्द्रियों पर विजय प्राप्त करते हैं और जीव ब्रह्म एक हो जाते हैं।

विशेष :

- प्रस्तुत पद के माध्यम से बताया गया है कि जोगी (ज्ञानी) व्यक्ति अपनी संगति का वर्णन करता है और जीव तथा ब्रह्म के सम्बन्ध को दिखाया गया है।

अनहद धुनि मैं रहिन हमारी, तत्त देखि मन लागा।
आपा माहीं आपा प्रकट्या, जब जाय धोषा भागा॥

शब्दार्थ : अनहद—जो महसूस किया जाता है, धुनि—ध्वनि, नाद, रहिन—रहना, तत्त—ब्रह्म, आपा—अपनी सत्ता, माहीं—बीच/अन्दर, प्रकट्या—उत्पन्न, आविर्भूत, जाय—जाकर, धोषा—धोखा।

व्याख्या : गोरख कहते हैं कि अनहद नाद अर्थात् ऐसी ध्वनि जिसे महसूस किया जाता है, उसमें ही हमारा निवास है। ऐसा इसलिए कहा गया क्योंकि अनहद नाद ही परमात्मा के मिलाप का साधन है। इसके उत्पन्न होने पर ही आत्मा परमात्मा का रस प्राप्त करती है। अत: जोगी तो अपना निवास ही अनहद ध्वनि को बता रहे हैं। वह कहते हैं कि ब्रह्म को हमने देख लिया। हमारा मन उसी परमात्मा में लग गया। अत: अब हमारा मन उसी ब्रह्म में रम गया। संसार की किसी वस्तु से मोह नहीं रहा है। इसी प्रकार जब अपने मायाविष्ट अस्तित्व के भीतर ही वास्तविक स्वरूप (आत्मा) के दर्शन हो गए तब उस जीव की शंका अर्थात् धोखे वाला भाव खत्म हो गया। जीव को अपने भीतर ही ब्रह्म साक्षात्कार हो जाता है और उसको संतुष्टि की प्राप्ति हो जाती है। मनुष्य के भीतर ही परमात्मा का निवास होता है, उसे केवल अध्यात्म के माध्यम से समझने की आवश्यकता है।

विशेष :

- इस पद में आत्मा और परमात्मा के एक-दूसरे से मिलने अर्थात् साक्षात्कार होने का वर्णन किया गया है।

जहाँ नहीं तहाँ सब कुछ देष्या, कह्यां न को पतिआई।
दुबिधा भाव तबै ही गइया, बिरलां पदां समाई॥

शब्दार्थ : नहीं—शून्य, तहाँ—वहाँ, देष्या—देखा, कह्यां—कहा, पतिआई—विश्वास, भरोसा करना, दुबिधा—संशय, शंका, तबै—तब, बिरलां—एकाध, अनोखा।

व्याख्या : गोरखनाथ कहते हैं कि जहाँ पर कुछ भी नहीं अर्थात् शून्य है वहाँ पर मैंने ब्रह्मज्ञान के माध्यम से सब कुछ देख लिया है। अत: संसार के समस्त बंधनों, व्याधियों, मनुष्यों आदि का ज्ञान प्राप्त कर लिया है। अब कुछ भी ऐसा नहीं जिसे मैं नहीं समझता हूँ, क्योंकि इस समस्त सृष्टि की उत्पत्ति करने वाला वह ब्रह्म ही जिसका मेरे साथ साक्षात्कार हो गया है, अत: इस जगत् में वह परम ब्रह्म ही सब कुछ हैं और उसी का अस्तित्व है। ब्रह्मज्ञान के अभाव में एक मनुष्य भी शून्य ही है। कवि का कहना है कि मेरे कहने से इस बात का कोई विश्वास नहीं करेगा कि परमात्मा के मिलन से ही मेरी सब दुविधा अर्थात् संशय की स्थिति मिट गई। इस प्रकार साधनारत व्यक्ति को ब्रह्म के मिलन का अनुभव हो जाता है जो कि एक व्यक्ति की सभी शंकाओं का समाधान लोक-कल्याणमयी दृष्टि से पल-भर में कर देता है। इस प्रकार सम्पूर्ण जगत् ब्रह्मा की ही सृष्टि है, प्रत्येक व्यक्ति के जीवन में उसका बहुत महत्त्व है।

विशेष :

- प्रस्तुत पद के माध्यम से संसार में ब्रह्म की महत्ता को बताया गया है।

✪✪✪